Das große Häkelmuster 1x1

Stephanie Thies

Die schönsten AJOUR MUSTER

Band 1

Inhalt

Einleitung

Muster

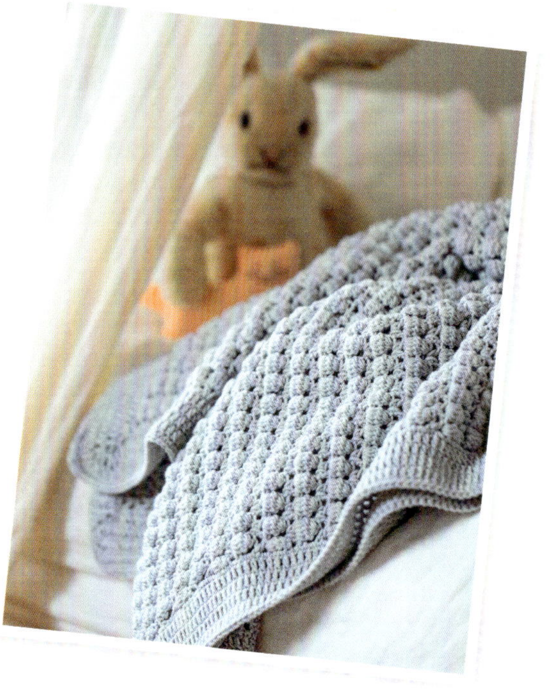

Modelle

Vorwort

Ajourmuster!

Was genau ist ein Ajourmuster? Diese Frage stellte sich mir, als ich mit dem Entwerfen für dieses Buch begann. Luftig, löchrig, sommerlich, verspielt sind nur einige der Adjektive, die mir spontan einfielen. Das war eine Vorstellung, mit der ich etwas anfangen konnte. Und so häkelte ich munter drauflos, probierte verschiedene Maschenkombinationen aus und war schließlich ganz überwältigt von der Vielzahl der Möglichkeiten. Vom einfachen Stäbchenmuster, bis zu anspruchsvollen Mustermalereien ist die Palette weit gespannt. Das Ajour-Fieber hatte mich gepackt!

Jedes Muster hat seinen ganz besonderen Reiz. Besonders fasziniert mich, dass auch mit wenig Können eindrucksvolle Effekte erzielt werden können. Nicht jedes raffiniert anmutende Muster muss schwierig zu häkeln sein! In diesem Buch werden alle Techniken und Muster erklärt und anhand von zwölf schönen Modellen wird gezeigt, wie man die luftig leichten Muster kombinieren und verarbeiten kann.

Im ersten Teil des Buches werden verschiedene Muster vorgestellt. Jedes Muster ist als Häkelschrift dargestellt und als Text beschrieben. Hierbei reicht die kreative Palette von einfachen Stäbchenmustern für Anfänger bis hin zu anspruchsvolleren Mustern für Fortgeschrittene.

Wie sich die Muster zu den unterschiedlichsten Modellen zusammenfügen, wird im zweiten Teil des Buches behandelt. Hier ist es spannend zu sehen, wie verschiedene Materialien, Garnstärken und Farbkombinationen die Muster in den Modellen wieder ganz anders wirken lassen. Es fällt schwer, sich für ein Lieblingsmodell zu entscheiden!

Und dann soll dieses Buch natürlich auch dazu anregen, seiner eigenen Kreativität freien Lauf zu lassen, neue Musterkombinationen auszuprobieren und zu einzigartigen Modellen zusammenzustellen. Lassen Sie sich inspirieren!

Über die Autorin

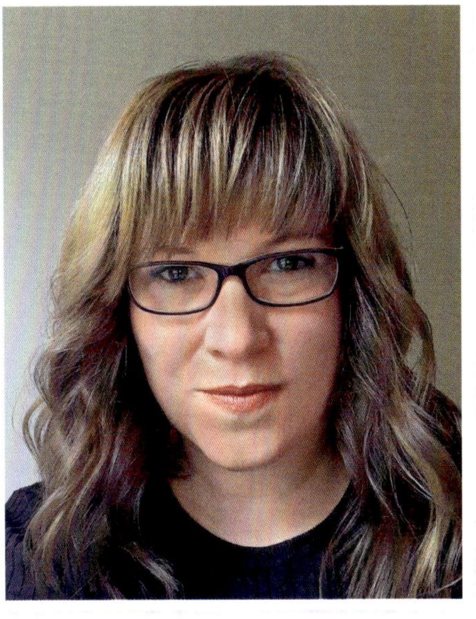

Bereits als Kind entdeckte Stephanie Thies ihre Liebe zum Handarbeiten. Die Grundtechniken des Strickens und Häkelns lernte sie von ihrer Großmutter und deren umfangreiche Sammlung an Reißverschlüssen und Filethäkelgarn weckte ihre Leidenschaft für das Kombinieren von Farben. Kreatives Schaffen, das Ausprobieren und Experimentieren aber auch die Geduld, die beim Handarbeiten erforderlich ist, nutzt sie heute als Ressourcen und Kraftquellen im stressigen Alltag. Mit dem Schreiben von eigenen Handarbeitsbüchern hat sie sich einen Traum erfüllt. Die dreifache Mutter arbeitet hauptberuflich als Kinder- und Jugendpsychiaterin und lebt mit ihrer Familie in Oberfranken.

Einleitung

Ajourmuster

Ajourmuster sind dekorativ gehäkelte Lochmuster, die der Häkelarbeit eine besondere Schönheit verleihen und gleichzeitig viel Charme ausstrahlen. Sie sehen vielleicht auf den ersten Blick kompliziert aus, so schwer sind sie aber meistens gar nicht. Häufig werden dafür feste Maschen, halbe oder ganze Stäbchen im Zusammenspiel mit Luftmaschen kombiniert, woraus ganz wunderbare Muster entstehen.

Ein wichtiges Element bei gehäkelten Ajourmustern ist es, Maschen der Vorreihe mit einzelnen Luftmaschen oder mit Bögen aus mehreren Luftmaschen zu überspringen. Wichtig beim Nacharbeiten von Ajourmustern ist es also, immer genau darauf zu achten, in welche Masche der Vorreihe eingestochen wird. Beim Überhäkeln von Luftmaschenbögen gibt die Anleitung zudem an, ob in einzelne Luftmaschen der Vorreihe eingestochen oder die Luftmaschenkette umhäkelt wird, denn beides prägt das Maschenbild auf unterschiedliche Weise.

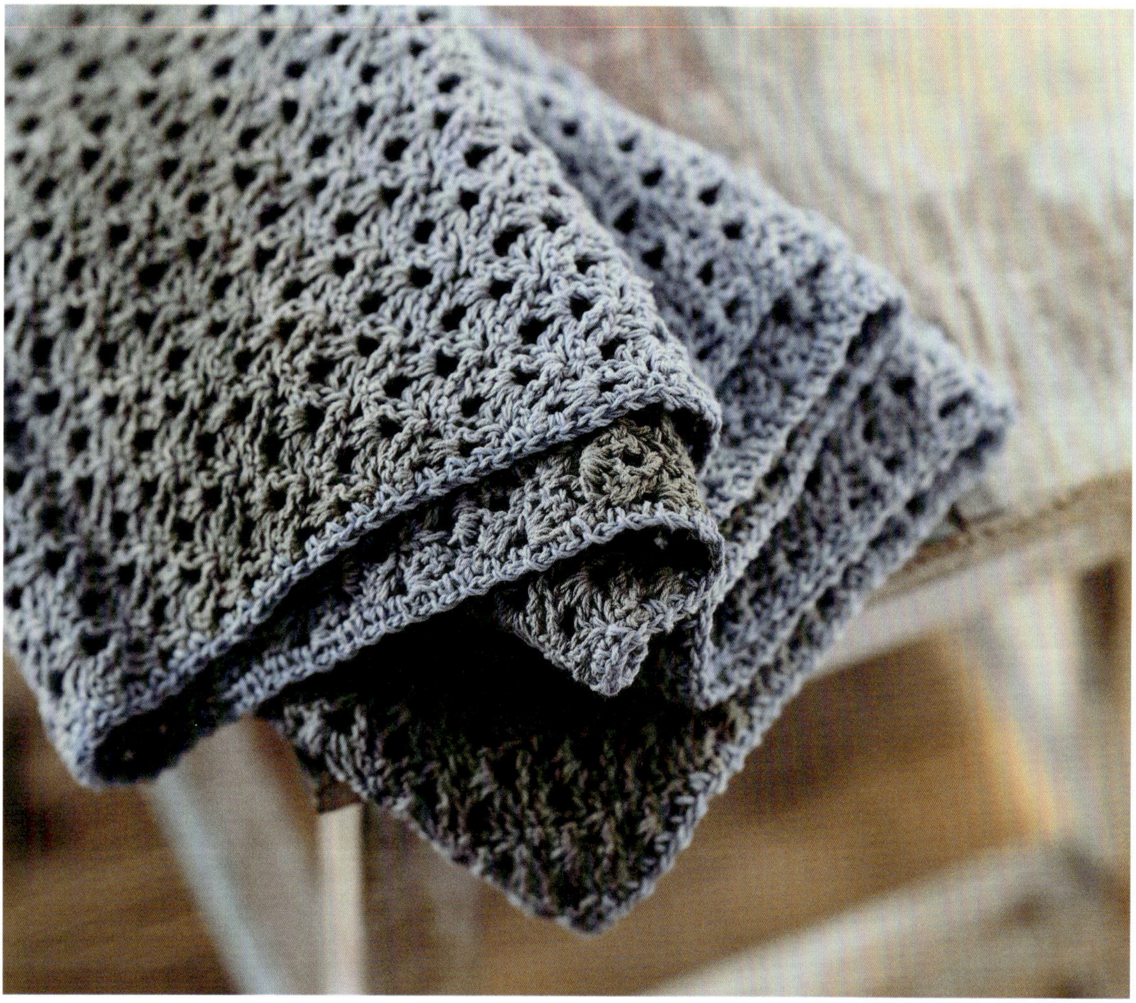

Besondere Techniken

Einige Häkeltechniken, die in den vorgestellten Mustern und Modellen zum Einsatz kommen.

Fadenring

Den Faden zur Schlinge legen, einstechen, Faden um die Nadel legen, diesen Umschlag durchziehen. Den Fadenring noch nicht festziehen. Den Arbeitsfaden um den linken Zeigefinger legen. Abb 1.

Den Kreuzpunkt des Fadenrings mit Daumen und Mittelfinger festhalten und die Maschen laut Anleitung um den Fadenring herum arbeiten (hier sind es feste Maschen). Die Runde mit einer Kettmasche in die erste Masche schließen und den Fadenring am Anfangsfaden zuziehen. Abb 2.

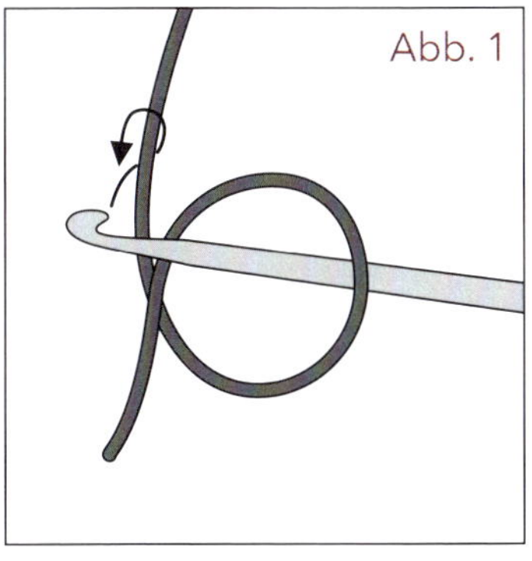

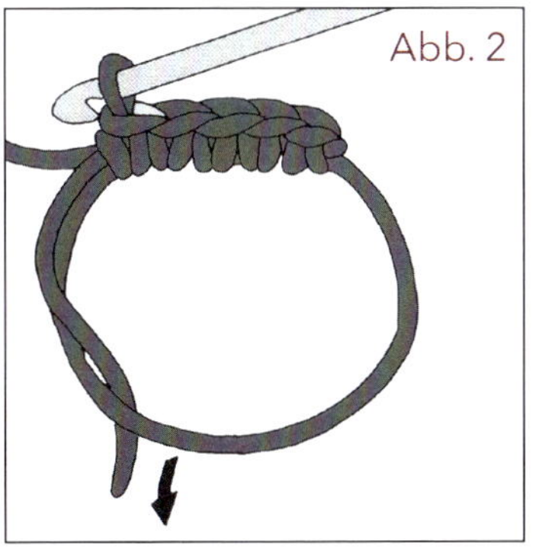

Geschlossene Runden

Um feste Maschen in geschlossenen Runden zu arbeiten, jede Runde mit 1 zusätzlichen Steige-Luftmasche beginnen und mit 1 Kettmasche in die 1. feste Masche schließen.

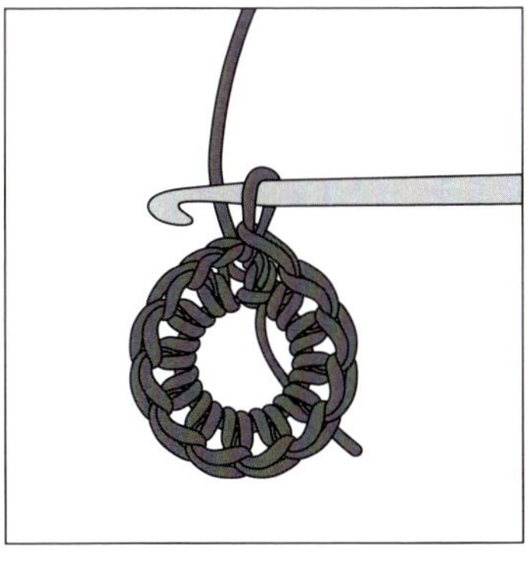

Geschlossene Runden können nicht nur in den Fadenring, sondern auch über eine geschlossene Luftmaschenkette gearbeitet werden. Anstatt in die Mitte des Fadenrings wird dann in jede Luftmasche eingestochen. Der Rundenschluss erfolgt auch hier durch 1 Kettmasche in die letzte Wende-Luftmasche.

Natürlich lassen sich auch alle anderen Maschen entsprechend in Runden häkeln. Die Anzahl an Wende-Luftmaschen zum Aufsteigen in die nächste Runde hängt wie beim Arbeiten in Hin- und Rückreihen von der Art der darauffolgenden Maschen ab.

Wendeluftmaschen
Am Ende einer Reihe oder Runde werden Wendeluftmaschen gehäkelt, um die Arbeit auf die Höhe der nächsten Maschenreihe zu bringen. Wie viele Luftmaschen benötigt werden, hängt von der Maschenart ab und wird jeweils in der Anleitung erwähnt. Bei höheren Maschenarten ersetzen die Wendeluftmaschen die erste Masche der Reihe/Runde, es wird also erst in die zweite Masche eingestochen und am Reihen-/Rundenende die letzte Masche in die oberste Wendeluftmasche gearbeitet.

Feste Maschen: 1 Wendeluftmasche, Einstechen in die 1. Masche der Vorreihe/-runde.
Halbe Stäbchen: 2 Wendeluftmaschen, Einstechen in die 1. oder 2. Masche der Vorreihe/-runde.
Stäbchen: 3 Wendeluftmaschen, Einstechen in die 2. Masche der Vorreihe/-runde.
Doppelstäbchen: 4 Wendeluftmaschen, Einstechen in die 2. Masche der Vorreihe/-runde.
Dreifachstäbchen: 5 Wendeluftmaschen, Einstechen in die 2. Masche der Vorreihe/-runde.

Gewendete Runden

Je nach Muster kann es ab und an nötig sein, in gewendeten Runden zu arbeiten. Das gelingt nur dann, wenn ein Muster zu beiden Seiten hin symmetrisch ist. Dadurch wird verhindert, dass der Rundenanfang aufsteigend von Runde zu Runde diagonal durch das Muster wandert. Prinzipiell wird auf die gleiche Weise gearbeitet wie bei geschlossenen Runden, jede neue Runde beginnt also mit einer zur Größe der Maschen passenden Anzahl an Wende-Luftmaschen und schließt nach der letzten Masche mit einer Kettmasche in die oberste Wende-Luftmasche des Rundenbeginns, dann aber wird die Arbeit gewendet und die folgende Runde in entgegengesetzter Richtung fortgesetzt. Entsprechend hat man dann einmal die Außenseite und einmal die Innenseite der Arbeit vor Augen. Damit gleicht sich der verschiebende Effekt des Rundenbeginns aus.

Krebsmaschen

Krebsmaschen sind feste Maschen, die von links nach rechts gehäkelt werden. Sie ergeben eine schöne und gleichzeitig dekorative Abschlusskante. Abb 1.

Dazu die Arbeit nicht wenden, sondern in die vorletzte Masche der Vorreihe von vorn nach hinten einstechen und den Faden zur Schlinge durchholen. Abb 2.

Den Faden um die Nadel legen und durch beide Schlingen auf der Nadel ziehen. Abb 3.

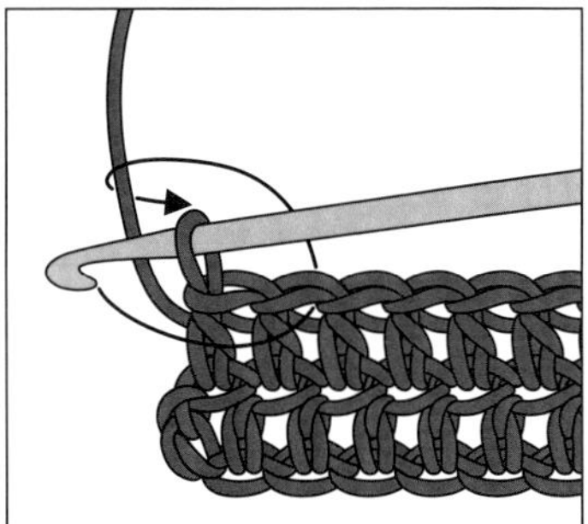
Abb. 1

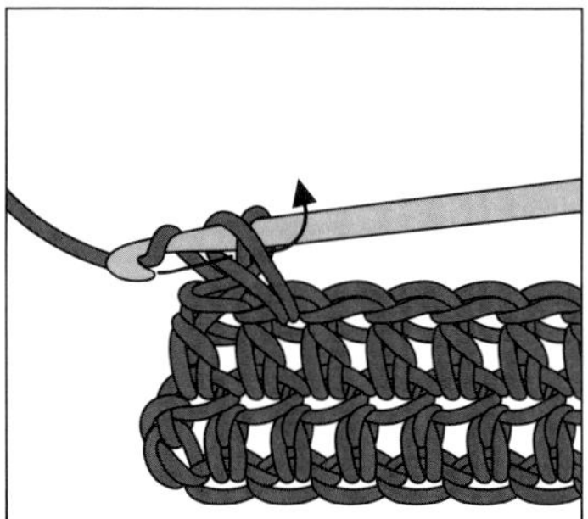
Abb. 2

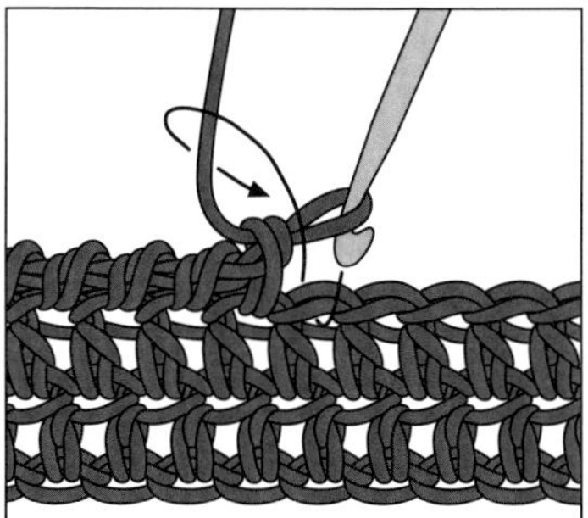
Abb. 3

Diese beiden Schritte stets wiederholen und auf diese Weise rückwärts häkeln.

Muster- und Modellanleitungen

Für jede Häkelanleitung gilt: Bitte alles erst einmal durchlesen! Damit gewinnt man einen Überblick über das Projekt und wird nicht mittendrin unerwartet überrascht. Im Musterteil werden alle Ajourmuster sowohl durch Häkelschrift als auch durch ausgeschriebene Textanleitung beschrieben. Beide Darstellungen können sich bei Unklarheiten gut ergänzen. Bei jedem Muster werden die Maschenzahl des Rapports sowie die Anfangs- und Endmaschen angegeben und schließlich, welche Reihen wiederholt werden. Damit lässt sich das Muster auch leicht für eigene Häkelprojekte verwenden. Bei Ajourmustern verzichten wir auf ein Ausweisen von Wende-Luftmaschen am Reihenanfang. Die dort notierte Anzahl an Luftmaschen enthält Wende-Luftmaschen und bereits erste Muster-Luftmaschen. Das Prinzip, mit Wende-Luftmaschen in die folgende Reihe aufzusteigen, bleibt erhalten.

Häkeln nach ausgeschriebenem Text

Im Text werden die Muster Reihe für Reihe und Masche für Masche ausgeschrieben. Der Rapport steht zwischen Sternchen * *, kleinere Wiederholungen zwischen [ ], dann folgt die Angabe, wie oft wiederholt wird. Abschließend findet man noch die Angabe, welche Reihen in der Höhe wiederholt werden.

Häkeln nach Häkelschrift

In Häkelschriften werden Hin- und Rückreihen oder Runden gezeichnet. Die Maschen sind so bezeichnet, wie sie gehäkelt werden. Wie die Symbole einer Häkelschrift zu lesen sind, wird in der Zeichenerklärung unter der Häkelschrift angegeben. Gut darauf achten, ob das Muster mit einer Hin- oder Rückreihe beginnt!

Häkelschriften immer in Häkelrichtung lesen, also Hinreihen von rechts nach links und Rückreihen von links nach rechts. Man kann sich dabei leicht an der Position der Reihennummer orientieren. Ziffern rechts neben der Häkelschrift markieren Hinreihen, Ziffern links neben der Häkelschrift Rückreihen. Bei Häkelschriften für ein in Runden gehäkeltes Muster stehen alle Ziffern an den Steige-Luftmaschen, die in die neue Runde hinaufführen.

In Hinreihen mit der oder den Luftmaschen und den Maschen vor dem rechten Pfeil beginnen, dann den Rapport zwischen den Pfeilen wiederholen und mit den Maschen nach dem linken Pfeil enden. In allen Rückreihen die Häkelschrift entsprechend von links nach rechts lesen. Unter der Häkelschrift wird angegeben, welche Reihen wiederholt werden.

Bitte beachten: Rapportzeichen und Pfeile in Häkelschrift und Reihenbeschreibung desselben Musters erscheinen nicht zwangsläufig an denselben Stellen. Für beide Darstellungsarten werden die Rapporte jeweils so gesetzt, dass sie das Muster am übersichtlichsten beschreiben. Die Rapporte müssen also nicht immer übereinstimmen.

Musterdarstellungen im Modellteil und im Musterteil

Im Musterteil werden alle vorgestellten Muster in Hin- und Rückreihen in ihrer Grundform gerade hoch beschrieben. Der Modellteil zeigt dann, was man aus diesen Grundmustern machen kann oder wie sie in einem Modell mit eigener Formgebung eingesetzt werden können. Diese Beispiele sollen auch gerne dazu animieren, selbst mit den Mustern kreativ zu werden.

Folgende Abkürzungen werden verwendet:

M	= Masche(n)
R	= Reihe(n)
Rd	= Runde(n)
Luftm	= Luftmasche(n)
Kettm	= Kettmasche(n)

Wellenspiel

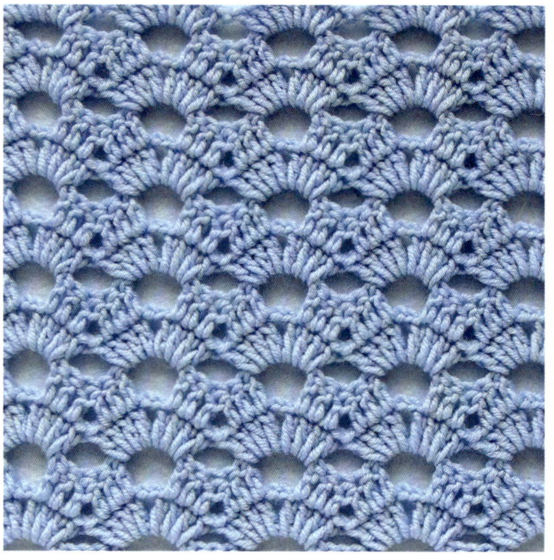

Schwierigkeitsgrad einfach
Kategorie Lochmuster mit Stäbchenbögen

Maschenzahl teilbar durch 8 + 1 M.

HÄKELN NACH MUSTERBESCHREIBUNG

1. Reihe (Hinreihe): 3 Luftm, 1 Stäbchen in die 5. M ab Nadel, 1 Stäbchen, mit 5 Luftm 3 M überspringen, * 5 Stäbchen, mit 5 Luftm 3 M überspringen; ab * stets wiederholen, 3 Stäbchen.

2. Reihe (Rückreihe) und alle folgenden Rückreihen: 3 Luftm, * (4 Stäbchen, 2 Luftm, 4 Stäbchen) um den nächsten Luftm-Bogen; ab * stets wiederholen, 1 Stäbchen in die 3. Wende-Luftm der Vor-R.

3. Reihe: 3 Luftm, 1 M überspringen, 3 Stäbchen, mit 5 Luftm die 2 Luftm der Vor-R überspringen, 2 Stäbchen, * 1 Stäbchen zur Hälfte arbeiten, 2 M überspringen, 1 Stäbchen zur Hälfte arbeiten, dann beide begonnenen Stäbchen zusammen abmaschen, 2 Stäbchen, mit 5 Luftm die 2 Luftm der Vor-R überspringen, 2 Stäbchen; ab * stets wiederholen, 1 Stäbchen, 1 Stäbchen in die 3. Wende-Luftm der Vor-R.

Die 1.–3. Reihe 1x arbeiten, dann die 2.–3. Reihe stets wiederholen.

HÄKELN NACH HÄKELSCHRIFT

In der Häkelschrift sind Hin- und Rückreihen notiert. Maschen, die über einem Luftmaschen-Bogen gezeichnet sind, werden um die Luftmaschen herum gearbeitet.

In den Hinreihen mit 3 Wende-Lftm und den Maschen vor dem rechten Pfeil beginnen, den Rapport zwischen den Pfeilen stets wiederholen und mit den M nach dem linken Pfeil enden.
In den Rückreihen die M entsprechend von links nach rechts lesen.

Die 1.–3. Reihe 1x arbeiten, dann die 2.–3. Reihe stets wiederholen.

Zeichenerklärung

· = 1 Luftmasche
† = 1 Stäbchen
(5) = Luftmaschenbogen aus 5 Luftmaschen

Laufen die Zeichen oben zusammen, werden die Maschen nacheinander jeweils bis vor das letzte Abmaschen gearbeitet und dann in einem letzten Schritt zusammen abgemascht. Die Stäbchen über einem Luftmaschenbogen stets um die Luftmaschen herum arbeiten.

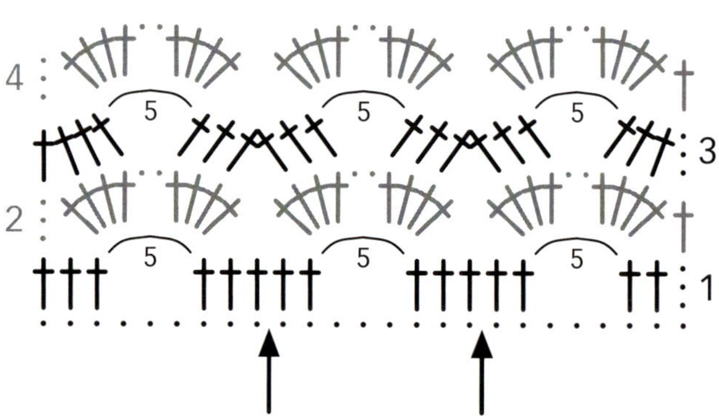

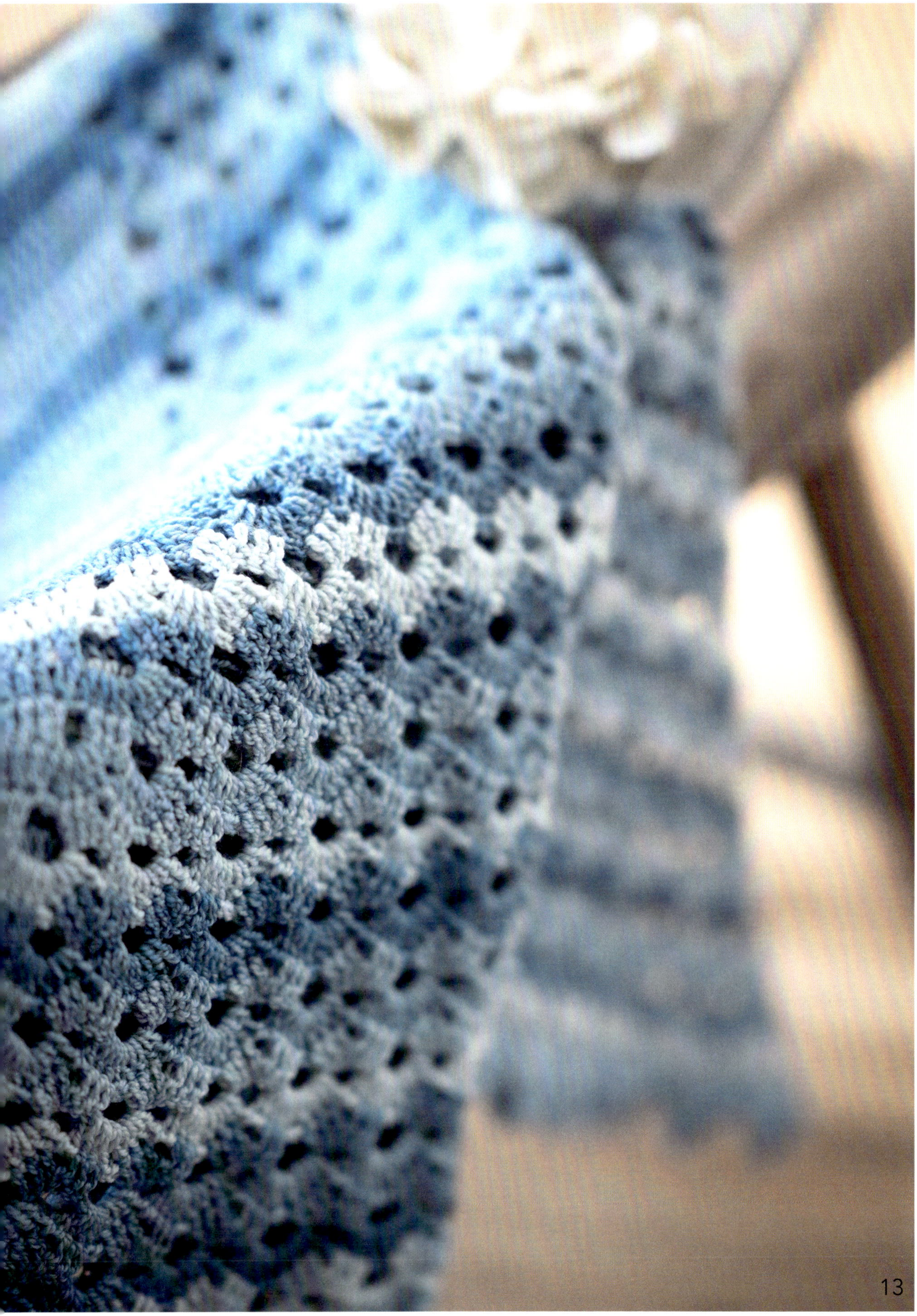

Popcornmuster

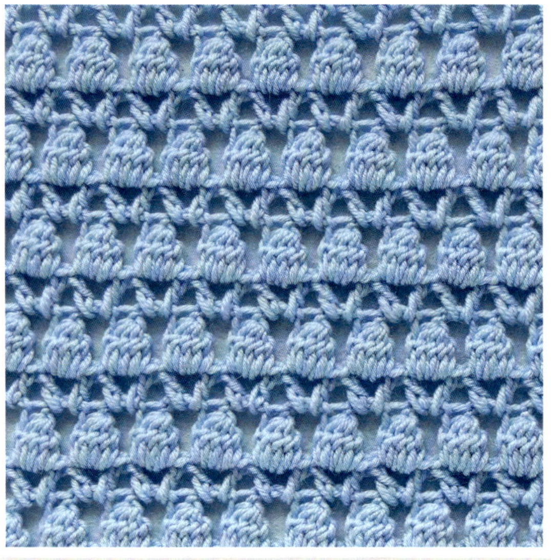

Schwierigkeitsgrad mittel
Kategorie Musterkombination aus Noppen- und Lochmusterstreifen

Maschenzahl teilbar durch 3 + 2 M.

5er-Popcorn-M: 5 zusammen abgemaschte Stäbchen
3er-Popcorn-M: 3 zusammen abgemaschte Stäbchen

HÄKELN NACH MUSTERBESCHREIBUNG

1. Reihe (Hinreihe): 3 Luftm, (1 Stäbchen, 2 Luftm, 1 Stäbchen) in die 6. Luftm ab Nadel, * 2 Anschlags-Luftm überspringen, (1 Stäbchen, 2 Luftm, 1 Stäbchen) in die nächste Anschlags-Luftm; ab * stets wiederholen, 1 Anschlags-Luftm überspringen, 1 Stäbchen in die letzte Anschlags-Luftm.
2. Reihe (Rückreihe): 3 Luftm, 2 Luftm, * 5er-Popcorn-M um die 2 Luftm der Vor-R, 3 Luftm; ab * stets wiederholen, 5er-Popcorn-M um die 2 Luftm der Vor-R, 2 Luftm, 1 Stäbchen in die 3. Wende-Luftm der Vor-R.
3. Reihe: 3 Luftm, 1 Luftm, 1 Stäbchen in das letzte Stäbchen der Vor-R, * (1 Stäbchen, 2 Luftm, 1 Stäbchen) um die Luftm zwischen den folgenden beiden Popcorn-M der Vor-R; ab * stets wiederholen, (1 Stäbchen, 1 Luftm, 1 Stäbchen) in die 3. Wende-Luftm der Vor-R.
4. Reihe: 3 Luftm, 3er-Popcorn-M um die Luftm der Vor-R, 3 Luftm, * 5er-Popcorn-M um die 2 Luftm der Vor-R, 3 Luftm; ab * stets wiederholen, 3er-Popcorn-M um die Luftm nach den Wende-Luftm der Vor-R, 1 Stäbchen in 3. Wende-Luftm der Vor-R.
5. Reihe: 3 Luftm, * (1 Stäbchen, 2 Luftm, 1 Stäbchen) um die 3 Luftm zwischen den folgenden beiden Popcorn-M der Vor-R; ab * stets wiederholen, 1 Stäbchen in die 3. Wende-Luftm der Vor-R.

Die 1.–5. Reihe 1x arbeiten, dann 2.–5. Reihe stets wiederholen.

HÄKELN NACH HÄKELSCHRIFT

In der Häkelschrift sind Hin- und Rückreihen notiert. Die Maschen sind so bezeichnet, wie sie gearbeitet werden. Maschen, die über einem Luftm-Bogen gezeichnet sind, werden um die Luftmaschen herum gearbeitet.

<u>In den Hinreihen</u> mit den M vor dem rechten Pfeil beginnen, den Rapport zwischen den Pfeilen stets wiederholen und mit den M nach dem linken Pfeil enden.
<u>In den Rückreihen</u> die M entsprechend von links nach rechts lesen.

Die 1.–5. Reihe 1x arbeiten, dann die 2.–5. Reihe stets wiederholen.

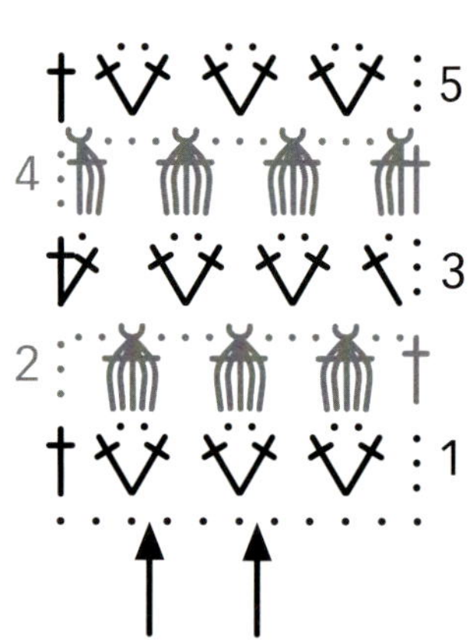

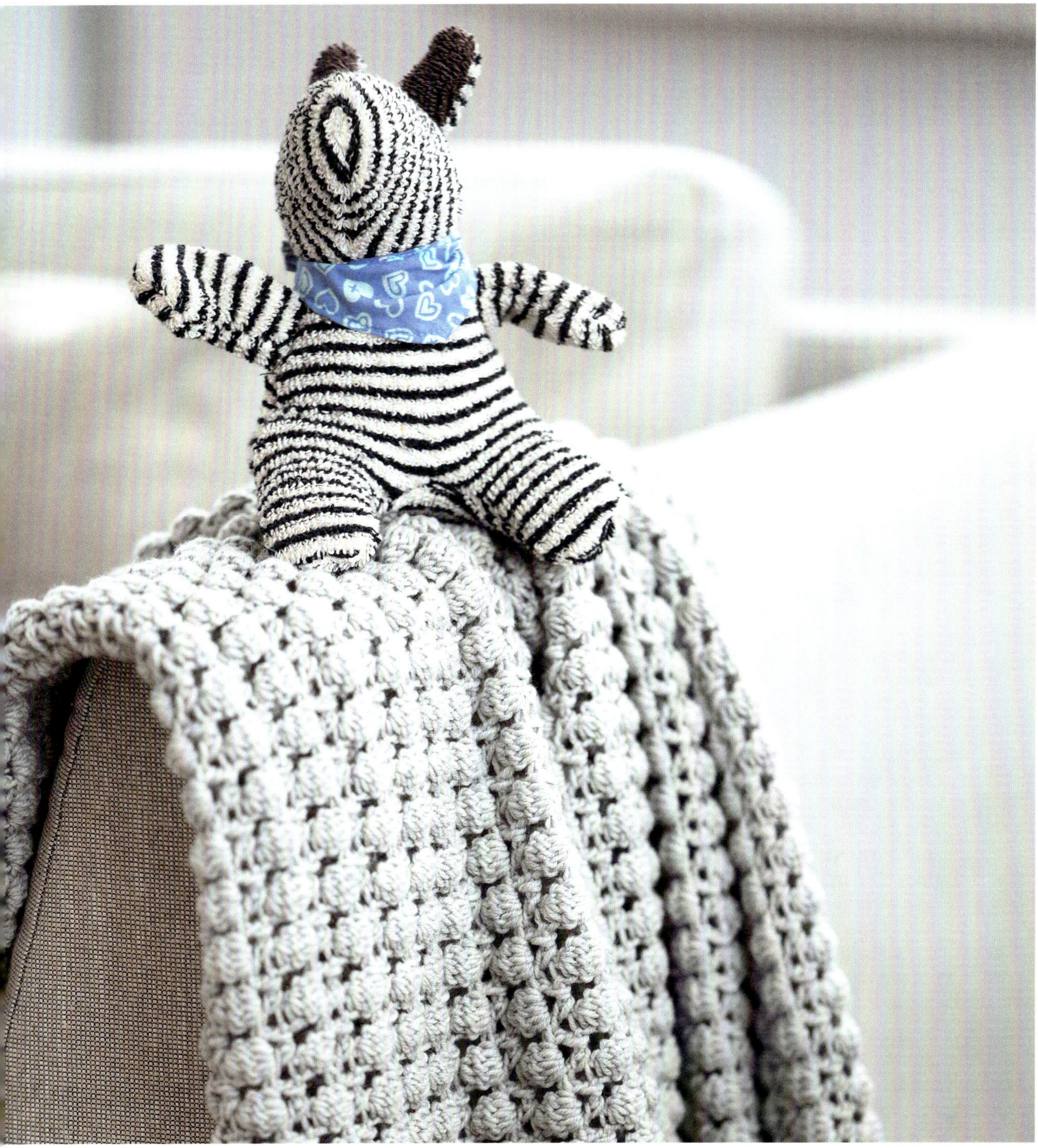

Zeichenerklärung

· = 1 Luftmasche

† = 1 Stäbchen

= 3er Popcornmasche (= 3 zusammen abgemaschte Stäbchen)

= 5er Popcornmasche (= 5 zusammen abgemaschte Stäbchen)

Laufen die Zeichen unten zusammen, werden die Maschen in dieselbe Einstichstelle gearbeitet.

Kreuzstäbchen

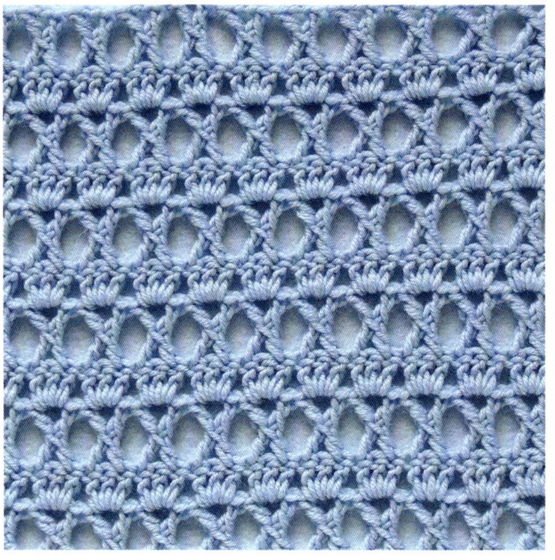

Schwierigkeitsgrad mittel
Kategorie Lochmuster mit Kreuzstäbchen

Maschenzahl teilbar durch 3 + 2 M.

Kreuz-Stäbchen über 3 M:
2 Umschläge wie für ein Doppel-Stäbchen, die Nadel in die 1. Einstichstelle einstechen, den Faden holen, umschlagen und den Faden durch 2 Schlingen ziehen, umschlagen, 1 M der Vor-R überspringen und die Nadel in die übernächste Einstichstelle einstechen, [den Faden holen, umschlagen und Faden durch 2 Schlingen ziehen] 4x, 2 Luftm, umschlagen und den Faden durch den Kreuzungspunkt der 3 bisher gearbeiteten Stäbchen holen, [umschlagen, den Faden durch 2 Schlingen ziehen] 2x.

HÄKELN NACH MUSTERBESCHREIBUNG

1. Reihe (Hinreihe): 4 Luftm, * 1 Kreuz-Stäbchen über 3 M beginnend ab der 6. M ab Nadel; ab * stets wiederholen, 1 Doppel-Stäbchen in die 1. Anfangs-Luftm.
2. Reihe (Rückreihe) und alle folgenden Rückreihen: 3 Luftm, * 3 Stäbchen um die 2 Luftm des Kreuz-Stäbchens; ab * stets wiederholen, 1 Stäbchen in die 4. Anfangs-Luftm der Vor-R.
3. Reihe: 4 Luftm, 1 Kreuz-Stäbchen über 3 M (jeweils in die beiden äußeren Stäbchen der 3-Stäbchen-Gruppen der Vor-R einstechen); ab * stets wiederholen, 1 Doppel-Stäbchen in die 3. Anfangs-Luftm der Vor-R.

Die 1.–3. Reihe 1x arbeiten, dann die 2.–3. Reihe stets wiederholen.

HÄKELN NACH HÄKELSCHRIFT

In der Häkelschrift sind Hin- und Rückreihen notiert.

In den Hinreihen mit den M vor dem rechten Pfeil beginnen, den Rapport zwischen den Pfeilen stets wiederholen und mit den M nach dem linken Pfeil enden.
In den Rückreihen die M entsprechend von links nach rechts lesen.

Die 1.–4. Reihe 1x arbeiten, dann die 3.–4. Reihe stets wiederholen.

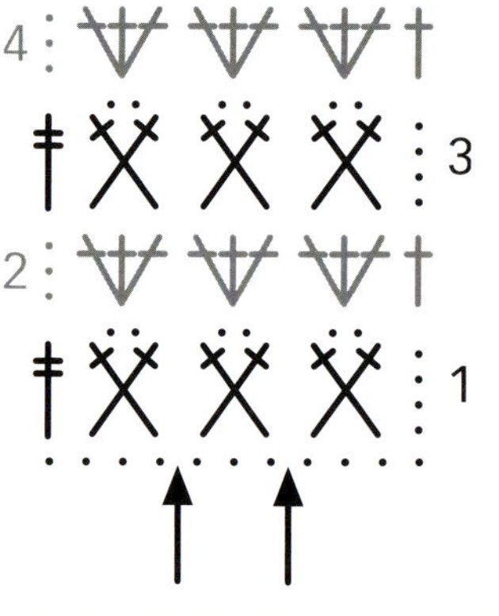

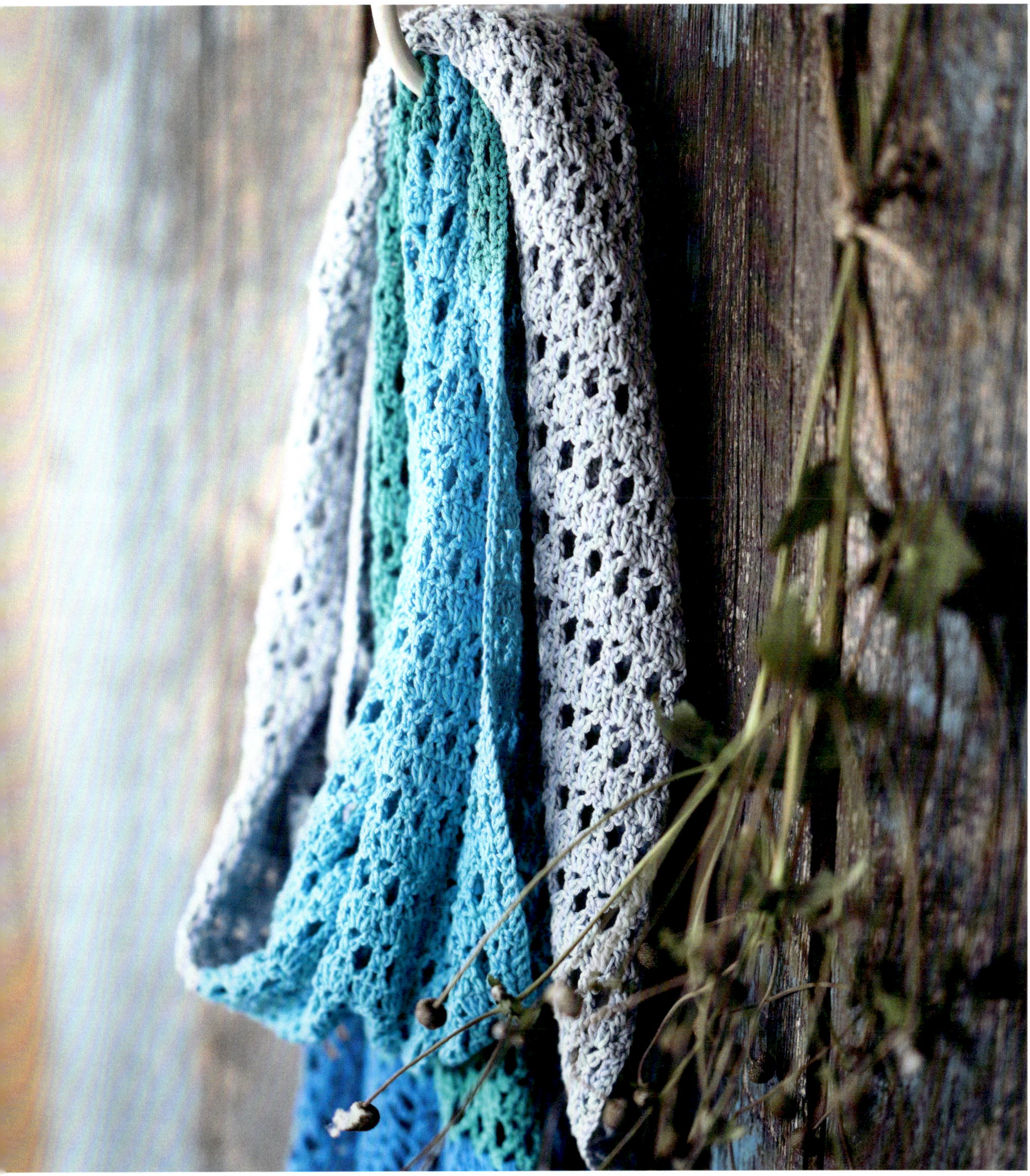

Zeichenerklärung

· = 1 Luftmasche
† = 1 Stäbchen
ǂ = 1 Doppel-Stäbchen
X = 1 Kreuzstäbchen (s. o.)

Laufen die Zeichen unten zusammen, werden die Maschen in dieselbe Einstichstelle gearbeitet.

Ananasmuster

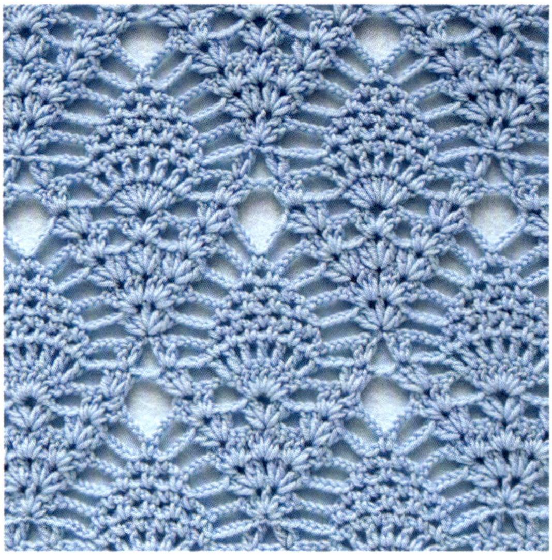

Schwierigkeitsgrad schwierig
Kategorie Lochmuster mit Stäbchen und Luftmaschenbögen

Maschenzahl teilbar durch 20 + 1 M.

HÄKELN NACH MUSTERBESCHREIBUNG

1. Reihe (Hinreihe): 3 Luftm, 3 Stäbchen in die 4. Luftm ab Nadel, mit 1 Luftm 3 M überspringen, 1 feste M, [mit 4 Luftm 3 M überspringen, 1 feste M] 3x, mit 1 Luftm 3 M überspringen, * 7 Stäbchen in die nächste M, mit 1 Luftm 3 M überspringen, 1 feste M, [mit 4 Luftm 3 M überspringen, 1 feste M] 3x, mit 1 Luftm 3 M überspringen; ab * stets wiederholen, 4 Stäbchen in die 1. Anfangs-Luftm.
2. Reihe (Rückreihe): 3 Luftm, [1 Luftm, 1 Stäbchen] 3x, * 2 Luftm, [3 Stäbchen in die feste M zwischen 2 4er-Bögen] 2x, 2 Luftm, 1 Stäbchen in das folgende Stäbchen der Vor-R, [1 Luftm, 1 Stäbchen] 6x; ab * stets wiederholen, 2 Luftm, [3 Stäbchen in die feste M zwischen 2 4er-Bögen] 2x, 2 Luftm, 1 Stäbchen in das folgende Stäbchen der Vor-R, [1 Luftm, 1 Stäbchen] 2x, 1 Luftm, 1 Stäbchen in die 3 Wende-Luftm.
3. Reihe: 3 Luftm, 1 feste M um die Luftm der Vor-R, [3 Luftm, 1 feste M um die Luftm der Vor-R] 2x, 4 Luftm, [(1 Stäbchen, 1 Luftm, 1 Stäbchen) in das mittlere Stäbchen der 3-Stäbchen-Gruppe der Vor-R, 1 Luftm] 2x, 3 Luftm, * 1 feste M um die Luftm zwischen den Stäbchen der Vor-R, [3 Luftm, 1 feste M um die Luftm der Vor-R] 5x, 4 Luftm, [(1 Stäbchen, 1 Luftm, 1 Stäbchen) in das mittlere Stäbchen der 3-Stäbchen-Gruppe der Vor-R, 1 Luftm] 2x, 3 Luftm; ab * stets wiederholen, 1 feste M um die Luftm zwischen den Stäbchen der Vor-R, [3 Luftm, 1 feste M um die Luftm der Vor-R] 2x, 1 Luftm, 1 hStäbchen in die 3. Anfangs-Luftm der Vor-R.
4. Reihe: 2 Luftm, 1 feste M um die Luftm der Vor-R, [3 Luftm, 1 feste M um den 3-Luftm-Bogen der Vor-R] 2x, * 4 Luftm, (2 Stäbchen, 1 Luftm, 1 Stäbchen, 1 Luftm, 2 Stäbchen) um die Luftm zwischen den beiden Stäbchen-Luftm-Stäbchen-Gruppen der Vor-R, 4 Luftm, 1 feste M um den 3-Luftm-Bogen der Vor-R, [3 Luftm, 1 feste M um den 3-Luftm-Bogen der Vor-R] 4x; ab * stets wiederholen, 4 Luftm, (2 Stäbchen, 1 Luftm, 1 Stäbchen, 1 Luftm, 2 Stäbchen) um die Luftm zwischen den beiden Stäbchen-Luftm-Stäbchen-Gruppen der Vor-R, 4 Luftm, [1 feste M um den 3-Luftm-Bogen der Vor-R, 3 Luftm] 2x, 1 feste M in die 3. Anfangs-Luftm der Vor-R, 1 feste M in die 2. Anfangs-Luftm der Vor-R.
5. Reihe: 4 Luftm, 1 feste M um den 3-Luftm-Bogen der Vor-R, 3 Luftm, 1 feste M um den 3-Luftm-Bogen der Vor-R, 4 Luftm, (2 Stäbchen, 2 Luftm, 2 Stäbchen) um die 1. Luftm der Stäbchen-Luftm-Gruppe der Vor-R, 2 Luftm, (2 Stäbchen, 2 Luftm, 2 Stäbchen) um die 2. Luftm derselben Stäbchen-Luftm-Gruppe der Vor-R, 4 Luftm, * 1 feste M um den 3-Luftm-Bogen der Vor-R, [3 Luftm, 1 feste M um den 3-Luftm-Bogen der Vor-R] 3x, 4 Luftm, (2 Stäbchen, 2 Luftm, 2 Stäbchen) um die 1. Luftm der Stäbchen-Luftm-Gruppe der Vor-R, 2 Luftm, (2 Stäbchen, 2 Luftm, 2 Stäbchen) um die 2. Luftm derselben Stäbchen-Luftm-Gruppe der Vor-R, 4 Luftm; ab * stets wiederholen, 1 feste M um den 3-Luftm-Bogen der Vor-R, 3 Luftm, 1 feste M um den 3-Luftm-Bogen der Vor-R, 2 Luftm, 1 hStäbchen in die 2. Anfangs-Luftm der Vor-R.
6. Reihe: 5 Luftm, 1 feste M um den 3-Luftm-Bogen der Vor-R, * 4 Luftm, [(2 Stäbchen, 2 Luftm, 2 Stäbchen) um den 2-Luftm-Bogen der Vor-R] 3x, 4 Luftm, 1 feste M um den 3-Luftm-Bogen der Vor-R, [3 Luftm, 1 feste M um den 3-Luftm-Bogen der Vor-R] 2x; ab * stets wiederholen, 4 Luftm, [(2 Stäbchen, 2 Luftm, 2 Stäbchen) um den 2-Luftm-Bogen der Vor-R]

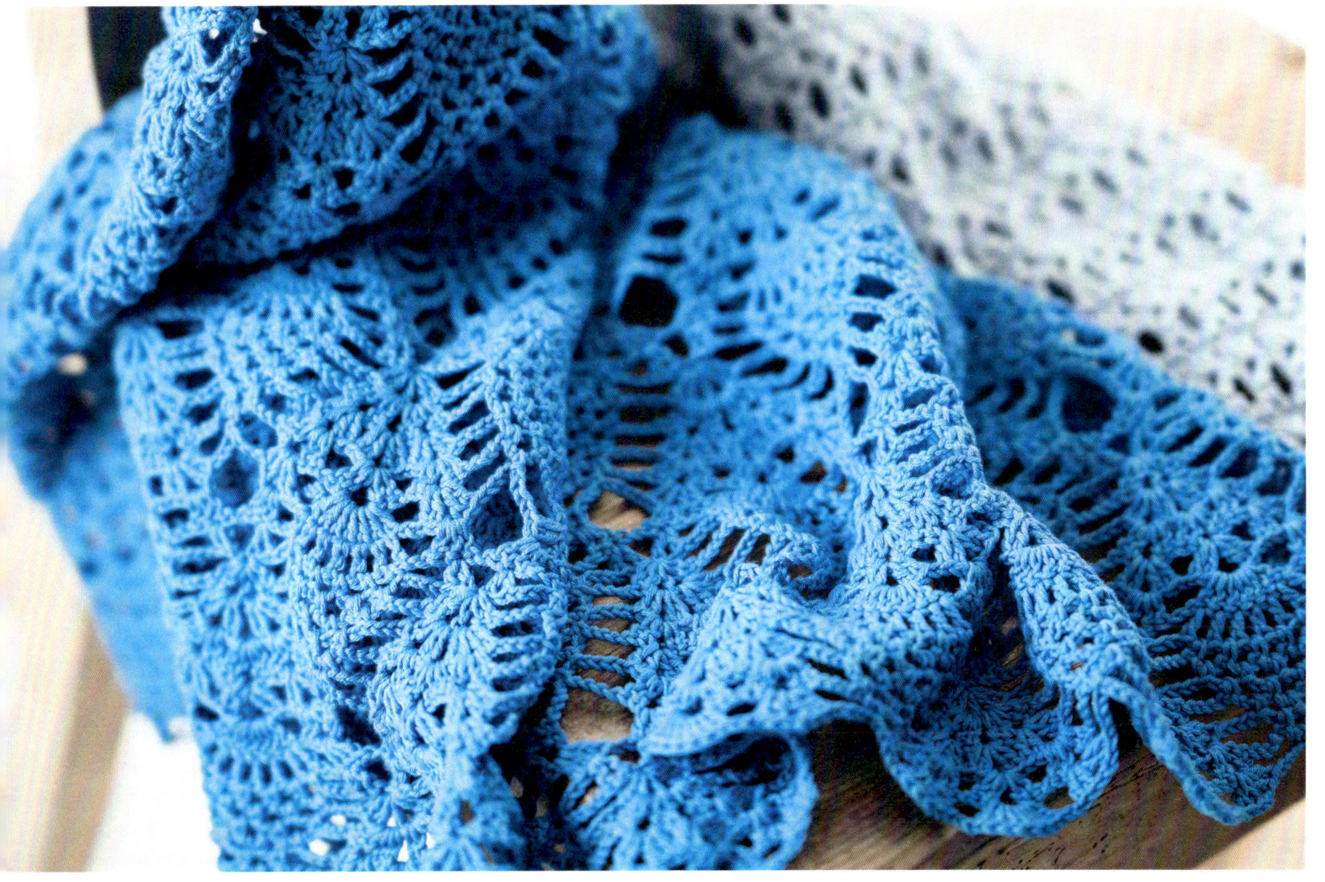

3x, 4 Luftm, 1 feste M um den 3-Luftm-Bogen der Vor-R, 3 Luftm, 1 feste M in die 3. Anfangs-Luftm der Vor-R.

7. Reihe: 3 Luftm, 1 feste M um den 3-Luftm-Bogen der Vor-R, 4 Luftm, (2 Stäbchen, 2 Luftm, 2 Stäbchen) um den 2-Luftm-Bogen der Vor-R, 1 Luftm, (2 Stäbchen, 3 Luftm, 2 Stäbchen) um den 2-Luftm-Bogen der Vor-R, 1 Luftm, (2 Stäbchen, 2 Luftm, 2 Stäbchen) um den 2-Luftm-Bogen der Vor-R, 4 Luftm, * 1 feste M um den 3-Luftm-Bogen der Vor-R, 3 Luftm, 1 feste M um den 3-Luftm-Bogen der Vor-R, 4 Luftm, (2 Stäbchen, 2 Luftm, 2 Stäbchen) um den 2-Luftm-Bogen der Vor-R, 1 Luftm, (2 Stäbchen, 3 Luftm, 2 Stäbchen) um den 2-Luftm-Bogen der Vor-R, 1 Luftm, (2 Stäbchen, 2 Luftm, 2 Stäbchen) um den 2-Luftm-Bogen der Vor-R, 4 Luftm; ab * stets wiederholen, 1 feste M um den 3-Luftm-Bogen der Vor-R, 1 Luftm, 1 feste M in die 2. Anfangs-Luftm der Vor-R.

8. Reihe: 2 Luftm, * 4 Luftm, (2 Stäbchen, 2 Luftm, 2 Stäbchen) um den 2-Luftm-Bogen der Vor-R, 2 Luftm, 7 Stäbchen um den 3-Luftm-Bogen der Vor-R, 2 Luftm, (2 Stäbchen, 2 Luftm, 2 Stäbchen) um den 2-Luftm-Bogen der Vor-R, 4 Luftm, 1 feste M um den 3-Luftm-Bogen der Vor-R; ab * stets wiederholen, 4 Luftm, (2 Stäbchen, 2 Luftm, 2 Stäbchen) um den 2-Luftm-Bogen der Vor-R, 2 Luftm, 7 Stäbchen um den 3-Luftm-Bogen der Vor-R, 2 Luftm, (2 Stäbchen, 2 Luftm, 2 Stäbchen) um den 2-Luftm-Bogen der Vor-R, 4 Luftm, 1 feste M in die 2. Anfangs-Luftm der Vor-R.

9. Reihe: 4 Luftm, 3 Stäbchen um den 2-Luftm-Bogen der Vor-R, 2 Luftm, 1 Stäbchen in das 1. Stäbchen der 7er-Stäbchen-Gruppe der Vor-R, [1 Luftm, 1 Stäbchen] 6x, 2 Luftm, 3 Stäbchen um den übernächsten 2-Luftm-Bogen der Vor-R, * 1 Luftm, 3 Stäbchen um den 2-Luftm-Bogen zwischen den Stäbchen der Vor-R, 2 Luftm, 1 Stäbchen in das 1. Stäbchen der 7er-Stäbchen-Gruppe der Vor-R, [1 Luftm, 1 Stäbchen] 6x, 2 Luftm, 3 Stäbchen um den übernächsten 2-Luftm-Bogen zwischen den Stäbchen der Vor-R; ab * stets wiederholen, 1 Doppel-Stäbchen in die 2. Anfangs-Luftm der Vor-R.

10. Reihe: 3 Luftm, * (1 Stäbchen, 1 Luftm, 1 Stäbchen) in das mittlere Stäbchen der 3-Stäbchen-Gruppe der Vor-R, 4 Luftm, 1 feste M um die Luftm zwischen den Stäbchen der Vor-R, [3 Luftm, 1 feste M um die Luftm der

Vor-R] 5x, 4 Luftm, (1 Stäbchen, 1 Luftm, 1 Stäbchen) in das mittlere Stäbchen der 3-Stäbchen-Gruppe der Vor-R, 1 Luftm; ab * stets wiederholen, (1 Stäbchen, 1 Luftm, 1 Stäbchen) in das mittlere Stäbchen der 3-Stäbchen-Gruppe der Vor-R, 4 Luftm, 1 feste M um die Luftm zwischen den Stäbchen der Vor-R, [3 Luftm, 1 feste M um die Luftm der Vor-R] 5x, 4 Luftm, (1 Stäbchen, 1 Luftm, 1 Stäbchen) in das mittlere Stäbchen der 3-Stäbchen-Gruppe der Vor-R, 1 Stäbchen in die 4. Anfangs-Luftm der Vor-R.

11. Reihe: 4 Luftm, 2 Stäbchen in das letzte Stäbchen der Vor-R, 4 Luftm, 1 feste M um den 3-Luftm-Bogen der Vor-R, [3 Luftm, 1 feste M um den 3-Luftm-Bogen der Vor-R] 4x, 4 Luftm, * (2 Stäbchen, 1 Luftm, 1 Stäbchen, 1 Luftm, 2 Stäbchen) um die Luftm zwischen den beiden Stäbchen-Luftm-Stäbchen-Gruppen der Vor-R, 4 Luftm, 1 feste M um den 3-Luftm-Bogen der Vor-R, [3 Luftm, 1 feste M um den 3-Luftm-Bogen der Vor-R] 4x, 4 Luftm; ab * stets wiederholen, (2 Stäbchen, 1 Luftm, 1 Stäbchen) in die 3. Anfangs-Luftm der Vor-R.

12. Reihe: 4 Luftm, (2 Stäbchen, 2 Luftm, 2 Stäbchen) um den 2-Luftm-Bogen der Vor-R, * 4 Luftm, 1 feste M um den 3-Luftm-Bogen der Vor-R, [3 Luftm, 1 feste M um den 3-Luftm-Bogen der Vor-R] 3x, 4 Luftm, (2 Stäbchen, 2 Luftm, 2 Stäbchen) um die 1. Luftm der Stäbchen-Luftm-Gruppe der Vor-R, 2 Luftm, (2 Stäbchen, 2 Luftm, 2 Stäbchen) um die 2. Luftm derselben Stäbchen-Luftm-Gruppe der Vor-R; ab * stets wiederholen, 4 Luftm, 1 feste M um den 3-Luftm-Bogen der Vor-R, [3 Luftm, 1 feste M um den 3-Luftm-Bogen der Vor-R] 3x, 4 Luftm, (2 Stäbchen, 2 Luftm, 2 Stäbchen) um den 2-Luftm-Bogen der Vor-R, 1 Luftm, 1 Stäbchen in die 3. Anfangs-Luftm der Vor-R.

13. Reihe: 4 Luftm, 2 Stäbchen um die Luftm der Vor-R, (2 Stäbchen, 2 Luftm, 2 Stäbchen) um den 2-Luftm-Bogen der Vor-R, 4 Luftm, 1 feste M um den 3-Luftm-Bogen der Vor-R, [3 Luftm, 1 feste M um den 3-Luftm-Bogen der Vor-R] 2x, 4 Luftm, * [(2 Stäbchen, 2 Luftm, 2 Stäbchen) um den 2-Luftm-Bogen der Stäbchen-Luftm-Gruppe der Vor-R] 3x, 4 Luftm, 1 feste M um den 3-Luftm-Bogen der Vor-R, [3 Luftm, 1 feste M um den 3-Luftm-Bogen der Vor-R] 2x, 4 Luftm; ab * stets wiederholen, (2 Stäbchen, 2 Luftm, 2 Stäbchen) um den 2-Luftm-Bogen der Vor-R, 2 Stäbchen um die 4. Anfangs-Luftm der Vor-R, 1 Stäbchen in die 3. Anfangs-Luftm der Vor-R.

14. Reihe: 4 Luftm, 2 Stäbchen in die letzte Luftm der Vor-R, 1 Luftm, (2 Stäbchen, 2 Luftm, 2 Stäbchen) um den 2-Luftm-Bogen der Vor-R, * 4 Luftm, 1 feste M um den 3-Luftm-Bogen der Vor-R, 3 Luftm, 1 feste M um den 3-Luftm-Bogen der Vor-R, 4 Luftm, (2 Stäbchen, 2 Luftm, 2 Stäbchen) um den 2-Luftm-Bogen der Vor-R, 1 Luftm, (2 Stäbchen, 3 Luftm, 2 Stäbchen) um den 2-Luftm-Bogen der Vor-R, 1 Luftm, (2 Stäbchen, 2 Luftm, 2 Stäbchen) um den 2-Luftm-Bogen der Vor-R; ab * stets wiederholen, 4 Luftm, 1 feste M um den 3-Luftm-Bogen der Vor-R, 3 Luftm, 1 feste M um den 3-Luftm-Bogen der Vor-R, 4 Luftm, (2 Stäbchen, 2 Luftm, 2 Stäbchen) um den 2-Luftm-Bogen der Vor-R, 1 Luftm, (2 Stäbchen, 1 Luftm, 1 Stäbchen) in die 3. Anfangs-Luftm der Vor-R.

15. Reihe: 3 Luftm, 3 Stäbchen in das letzte Stäbchen der Vor-R, 2 Luftm, (2 Stäbchen, 2 Luftm, 2 Stäbchen) um den 2-Luftm-Bogen der Vor-R, 4 Luftm, 1 feste M um den 3-Luftm-Bogen der Vor-R, 4 Luftm, * (2 Stäbchen, 2 Luftm, 2 Stäbchen) um den 2-Luftm-Bogen der Vor-R, 2 Luftm, 7 Stäbchen um den 3-Luftm-Bogen der Vor-R, 2 Luftm, (2 Stäbchen, 2 Luftm, 2 Stäbchen) um den 2-Luftm-Bogen der Vor-R, 4 Luftm, 1 feste M um den 3-Luftm-Bogen der Vor-R, 4 Luftm; ab * stets wiederholen, (2 Stäbchen, 2 Luftm, 2 Stäbchen) um den 2-Luftm-Bogen zwischen den Stäbchen der Vor-R, 2 Luftm, 4 Stäbchen in die 3. Anfangs-Luftm der Vor-R.

16. Reihe: 3 Luftm, [1 Luftm, 1 Stäbchen in das Stäbchen der Vor-R] 3x, 2 Luftm, 3 Stäbchen um den übernächsten 2-Luftm-Bogen der Vor-R, * 1 Luftm, 3 Stäbchen um den 2-Luftm-Bogen der Vor-R, 2 Luftm, 1 Stäbchen in das 1. Stäbchen der 7er-Stäbchen-Gruppe der Vor-R, [1 Luftm, 1 Stäbchen] 6x, 2 Luftm, 3 Stäbchen um den übernächsten 2-Luftm-Bogen zwischen den Stäbchen der Vor-R; ab * stets wiederholen, 1 Luftm, 3 Stäbchen um den 2-Luftm-Bogen der Vor-R, 2 Luftm, 1 Stäbchen in das 1. Stäbchen der 1. Stäbchen-Gruppe der Vor-R, [1 Luftm, 1 Stäbchen] 2x, 1 Luftm, 1 Stäbchen in die 3. Anfangs-Luftm der Vor-R.

Die 1.–16. Reihe 1x arbeiten, dann die 3.–16. Reihe stets wiederholen.

HÄKELN NACH HÄKELSCHRIFT:

In der Häkelschrift sind Hin- und Rückreihen notiert.

In den Hinreihen mit den M vor dem rechten Pfeil beginnen, den Rapport zwischen den Pfeilen stets wiederholen und mit den M nach dem linken Pfeil enden.
In den Rückreihen die M entsprechend von links nach rechts lesen.

Die 1.–16. Reihe 1x arbeiten, dann die 3.–16. Reihe stets wiederholen.

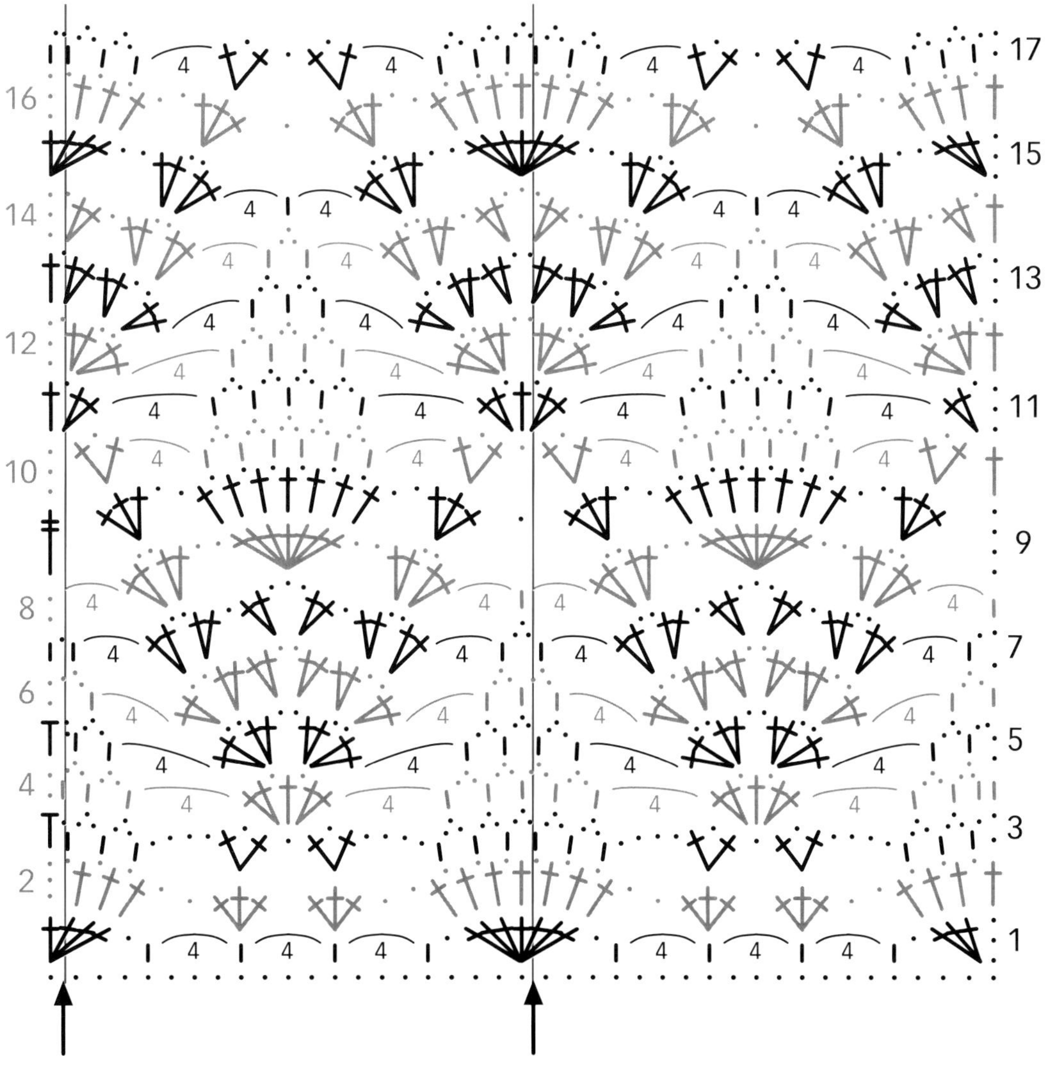

Zeichenerklärung

- · = 1 Luftmasche
- ı = 1 feste Masche
- T = 1 halbes Stäbchen
- † = 1 Stäbchen
- ⌒4⌒ = 1 Luftmaschenbogen aus 4 Luftmaschen

Laufen die Zeichen unten zusammen, werden die Maschen in dieselbe Einstichstelle gearbeitet. Die Maschen über einem Luftmaschen-Bogen um die Luftmaschen herum arbeiten.

Flechtmuster

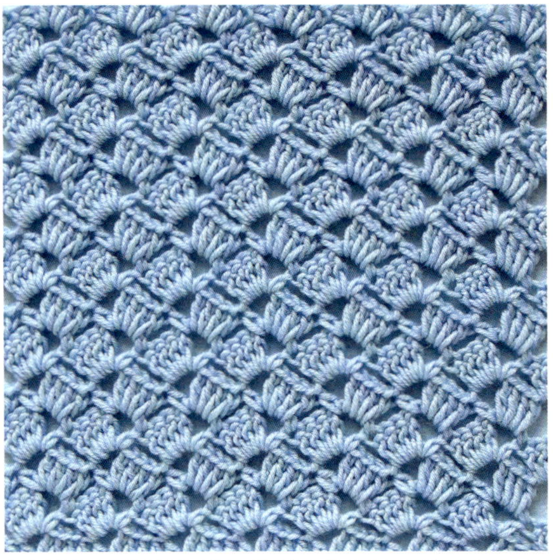

HÄKELN NACH HÄKELSCHRIFT

In der Häkelschrift sind Hin- und Rückreihen notiert.

In den Hinreihen mit den M vor dem rechten Pfeil beginnen, den Rapport zwischen den Pfeilen stets wiederholen und mit den M nach dem linken Pfeil enden.
In den Rückreihen die M entsprechend von links nach rechts lesen.

Die 1.–4. Reihe 1x arbeiten, dann die 3.–4. Reihe stets wiederholen.

Schwierigkeitsgrad einfach
Kategorie Lochmuster mit Stäbchen und halben Stäbchen

Maschenzahl teilbar durch 5.

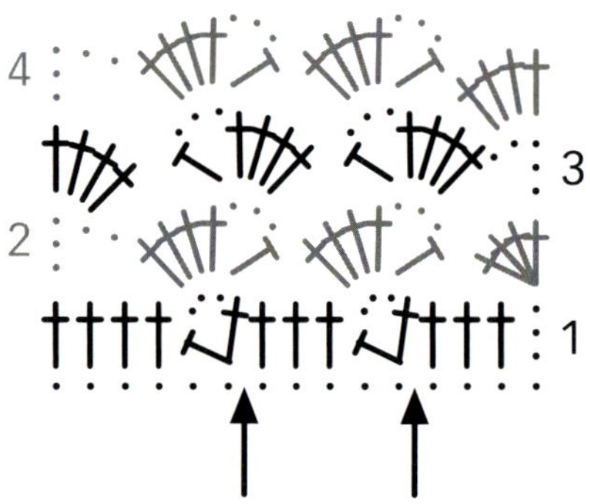

HÄKELN NACH MUSTERBESCHREIBUNG

1. Reihe (Hinreihe): 3 Luftm, * 1 Stäbchen in die 5. M ab Nadel, 2 Stäbchen, * (1 Stäbchen, 3 Luftm, 1 hStäbchen) in 1 Einstichstelle, 1 M überspringen, 3 Stäbchen; ab * stets wiederholen, 1 Stäbchen in die letzte M.
2. Reihe (Rückreihe) und alle Rückreihen: 5 Luftm, * (4 Stäbchen, 3 Luftm, 1 hStäbchen) um den 3-Luftm-Bogen der Vor-R; ab * stets wiederholen, 4 Stäbchen in die 3. Anfangs-Luftm der Vor-R.
3. Reihe: 5 Luftm, * (4 Stäbchen, 3 Luftm, 1 hStäbchen) um den 3-Luftm-Bogen der Vor-R; ab * stets wiederholen, 4 Stäbchen um die 5 Anfangs-Luftm.

Die 1.–3. Reihe 1x arbeiten, dann die 2. und 3. Reihe stets wiederholen.

Zeichenerklärung

- · = 1 Luftmasche
- T = 1 halbes Stäbchen
- † = 1 Stäbchen

Laufen die Zeichen unten zusammen, werden die Maschen in dieselbe Einstichstelle gehäkelt. Die Maschen über einem Luftmaschen-Bogen um die Luftmaschen herum arbeiten.

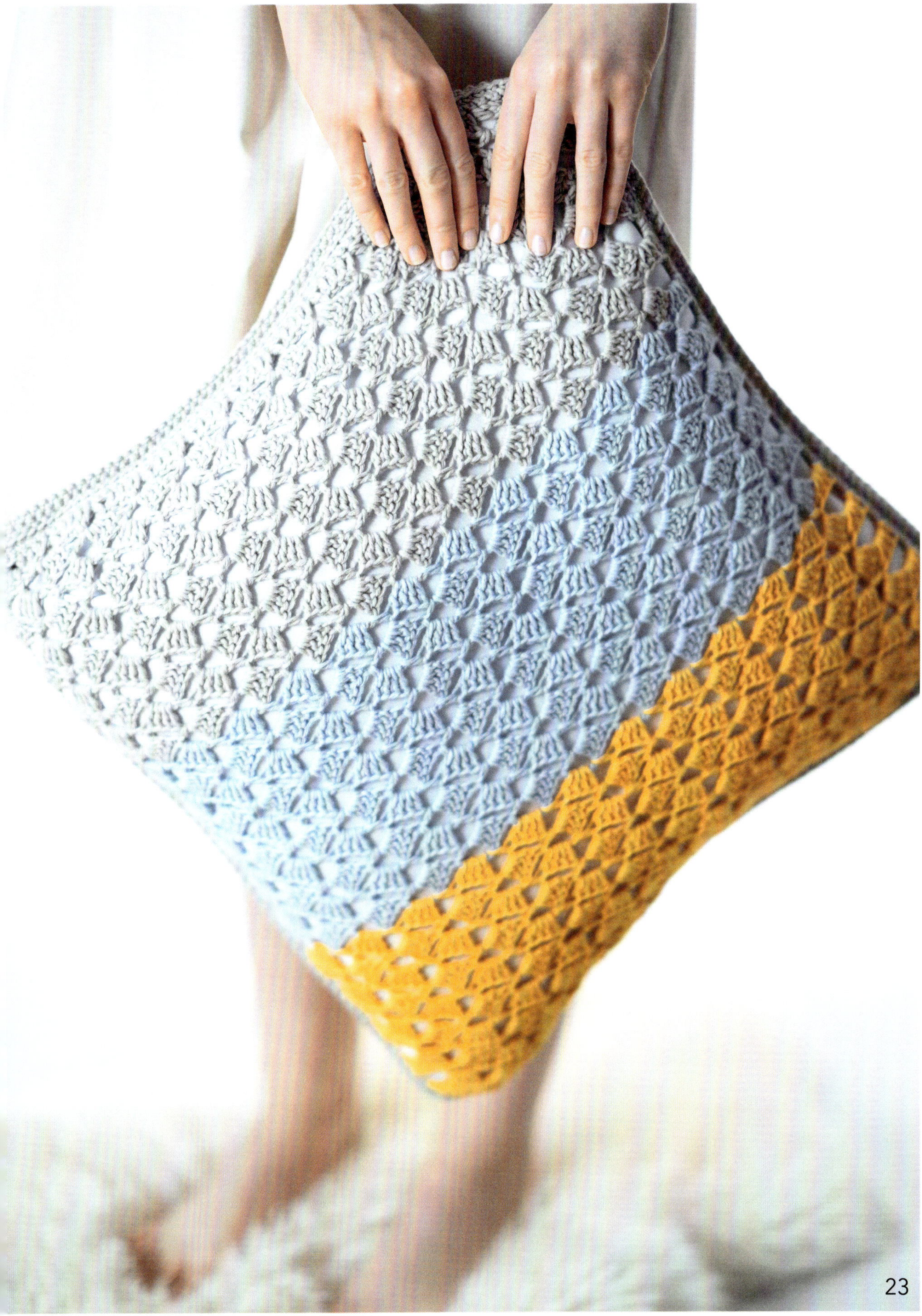

Acornmuster

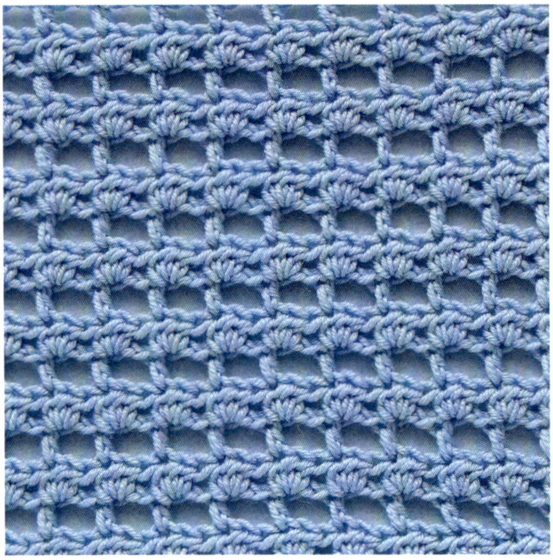

HÄKELN NACH HÄKELSCHRIFT

In der Häkelschrift sind Hin- und Rückreihen notiert.

<u>In den Hinreihen</u> mit den M vor dem rechten Pfeil beginnen, den Rapport zwischen den Pfeilen stets wiederholen und mit den M nach dem linken Pfeil enden.
<u>In den Rückreihen</u> die M entsprechend von links nach rechts lesen.

Die 1.–3. Reihe 1x arbeiten, dann die 2.–3. Reihe stets wiederholen.

Schwierigkeitsgrad einfach
Kategorie Lochmuster mit halben Stäbchen

Maschenzahl in Reihen teilbar durch 3 + 1 M.

HÄKELN NACH MUSTERBESCHREIBUNG

1. Reihe (Hinreihe): 4 Luftm, * 1 hStäbchen in die 8. M ab Nadel, * mit 2 Luftm 2 M überspringen, 1 hStäbchen; ab * stets wiederholen, mit 2 Luftm 2 M überspringen, 1 hStäbchen in die 1. Anfangs-Luftm.
2. Reihe (Rückreihe): 2 Luftm, 1 hStäbchen in das letzte hStäbchen der Vor-R, * 3 hStäbchen in das nächste hStäbchen der Vor-R; ab * stets wiederholen, 2 hStäbchen in die 2. Anfangs-Luftm der Vor-R.
3. Reihe: 4 Luftm, * 1 hStäbchen in das mittlere hStäbchen der nächsten 3-hStäbchen-Gruppe, 2 Luftm; ab * stets wiederholen, 1 hStäbchen in die 2. Anfangs-Luftm der Vor-R.

Die 1.–3. Reihe 1x arbeiten, dann die 2.–3. Reihe stets wiederholen.

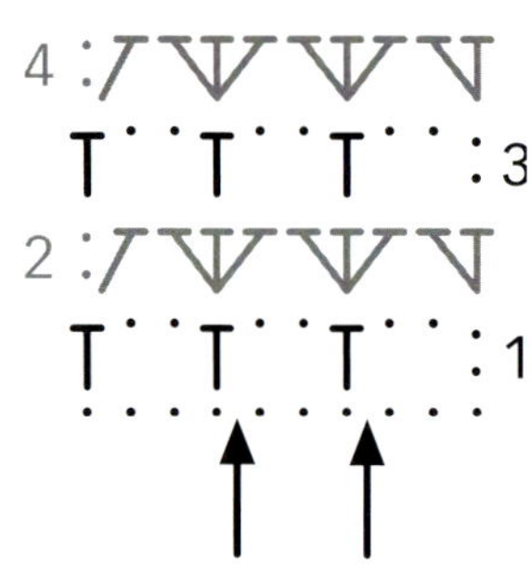

Zeichenerklärung

· = 1 Luftmasche
T = 1 halbes Stäbchen

Laufen die Zeichen unten zusammen, werden die Maschen in dieselbe Einstichstelle gearbeitet.

Feuerwerkmuster

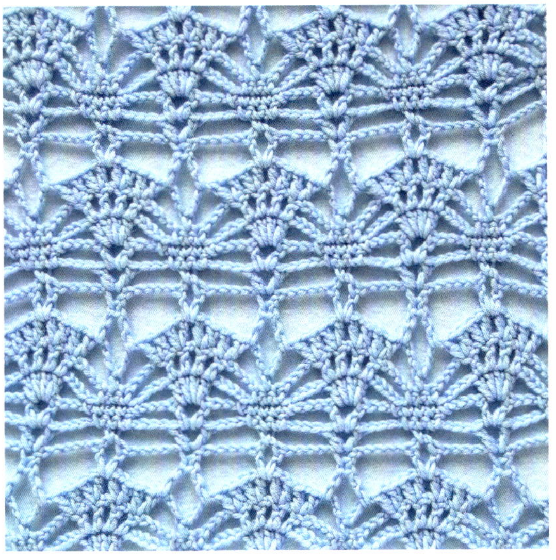

Schwierigkeitsgrad mittel
Kategorie Lochmuster mit festen Maschen, Stäbchen und Doppelstäbchen

Maschenzahl teilbar durch 12 + 1 M.

HÄKELN NACH MUSTERBESCHREIBUNG

1. Reihe (Hinreihe): 3 Luftm, 1 Stäbchen in die 4. M ab Nadel, mit 4 Luftm 3 M überspringen, * 5 feste M, mit 4 Luftm 3 M überspringen, 4 Stäbchen in die nächste Masche, mit 4 Luftm 3 M überspringen; ab * stets wiederholen, 5 feste M, mit 4 Luftm 3 M überspringen, 2 Stäbchen in die 1. Anschlags-Luftm.
2. Reihe (Rückreihe): 4 Luftm, 1 Stäbchen in das vorletzte Stäbchen der Vor-R, mit 4 Luftm den Luftm-Bogen und 1 feste M der Vor-R überspringen, * 3 feste M, mit 4 Luftm 1 feste M und den Luftm-Bogen der Vor-R überspringen, 1 Stäbchen, [1 Luftm, 1 Stäbchen] 3x, mit 4 Luftm den Luftm-Bogen und 1 feste M der Vor-R überspringen; ab * stets wiederholen, 3 feste M, mit 4 Luftm 1 feste M und den Luftm-Bogen der Vor-R überspringen, 1 Stäbchen, 1 Luftm, 1 Stäbchen in die letzte Luftm der Vor-R.
3. Reihe: 3 Luftm, (1 Stäbchen, 1 Luftm, 1 Stäbchen) in das vorletzte Stäbchen der Vor-R, mit 4 Luftm den Luftm-Bogen und 1 feste M der Vor-R überspringen, 1 feste M, * mit 4 Luftm 1 feste M und den Luftm-Bogen der Vor-R überspringen, [(1 Stäbchen, 1 Luftm, 1 Stäbchen) in das nächste Stäbchen der Vor-R] 4x, mit 4 Luftm den Luftm-Bogen und 1 feste M der Vor-R überspringen, 1 feste M; ab * stets wiederholen, mit 4 Luftm 1 feste M und den Luftm-Bogen der Vor-R überspringen, (1 Stäbchen, 1 Luftm, 1 Stäbchen) in das nächste Stäbchen der Vor-R, 1 Stäbchen in die 3. Anfangs-Luftm der Vor-R.
4. Reihe: 9 Luftm, 2 zusammen abgemaschte Doppel-Stäbchen (1. Doppel-Stäbchen in die 1. Luftm des nächsten 4er-Luftm-Bogens, das 2. Doppel-Stäbchen in die 4. Luftm des übernächsten 4er-Luftm-Bogens der Vor-R einstechen), * 5 Luftm, (1 Stäbchen, 2 Luftm, 1 Stäbchen) zwischen die 2. und 3. (1 Stäbchen, 1 Luftm, 1 Stäbchen)-Gruppe der Vor-R, 5 Luftm, 2 zusammen abgemaschte Doppel-Stäbchen (1. Doppel-Stäbchen in die 1. Luftm des nächsten 4er-Luftm-Bogens, das 2. Doppel-Stäbchen in die 4. Luftm des übernächsten 4er-Luftm-Bogens der Vor-R einstechen); ab * stets wiederholen, 5 Luftm, 1 Doppel-Stäbchen in die 3. Anfangs-Luftm der Vor-R.
5. Reihe: 1 Wende-Luftm, 1 feste M in das Doppel-Stäbchen der Vor-R, 5 Luftm, * (1 Stäbchen, 2 Luftm, 1 Stäbchen) in das zusammen abgemaschte Doppel-Stäbchen der Vor-R, 5 Luftm, 1 feste M um den 2er-Luftm-Bogen der Vor-R, 5 Luftm; ab * stets wiederholen, (1 Stäbchen, 2 Luftm, 1 Stäbchen) in das zusammen abgemaschte Doppel-Stäbchen der Vor-R, 5 Luftm, 1 feste M in die 4. Anfangs-Luftm der Vor-R.
6. Reihe: 1 Wende-Luftm, 1 feste M in die letzte feste M der Vor-R, 1 feste M um den 5er-Luftm-Bogen der Vor-R, 4 Luftm, (1 Stäbchen, 2 Luftm, 1 Stäbchen) um den 2er-Luftm-Bogen der Vor-R, * 4 Luftm, 1 feste M um den 5er-Luftm-Bogen der Vor-R, 1 feste M, 1 feste M um den 5er-Luftm-Bogen der Vor-R, 4 Luftm, (1 Stäbchen, 2 Luftm, 1 Stäbchen) um den 2er-Luftm-Bogen der Vor-R; ab * stets wiederholen, 4 Luftm, 1 feste M um den 5er-Luftm-Bogen der Vor-R, 1 feste M in die feste M der Vor-R.
7. Reihe: 1 Wende-Luftm, 2 feste M, 1 feste M um den 4er-Luftm-Bogen der Vor-R, 4 Luftm, *(4 Stäbchen) um den 2er-Luftm-Bogen der Vor-R, 4 Luftm, 1 feste M um den 4er-Luftm-Bogen der Vor-R, 3 feste M, 1 feste M um den

4er-Luftm-Bogen der Vor-R, 4 Luftm; ab * stets wiederholen, (4 Stäbchen) um den 2er-Luftm-Bogen der Vor-R, 4 Luftm, 1 feste M um den 4er-Luftm-Bogen der Vor-R, 2 feste M.
8. Reihe: 1 Wende-Luftm, 2 feste M, 4 Luftm, 1 Stäbchen in das nächste Stäbchen der Vor-R, [1 Luftm, 1 Stäbchen] 3x, *mit 4 Luftm den Luftm-Bogen und 1 feste M der Vor-R überspringen, 3 feste M, mit 4 Luftm 1 feste M und den Luftm-Bogen der Vor-R überspringen, 1 Stäbchen in das nächste Stäbchen der Vor-R, [1 Luftm, 1 Stäbchen] 3x; ab * stets wiederholen, mit 4 Luftm 1 Luftm-Bogen und 1 feste M der Vor-R überspringen, 2 feste M.
9. Reihe: 1 Wende-Luftm, 1 feste M in die letzte feste M der Vor-R, 4 Luftm, * [(1 Stäbchen, 1 Luftm, 1 Stäbchen) in das nächste Stäbchen der Vor-R] 4x, mit 4 Luftm den Luftm-Bogen und 1 feste M der Vor-R überspringen, 1 feste M, 4 Luftm; ab * stets wiederholen, [(1 Stäbchen, 1 Luftm, 1 Stäbchen) in das nächste Stäbchen der Vor-R] 4x, mit 4 Luftm den Luftm-Bogen und 1 feste M der Vor-R überspringen, 1 feste M.
10. Reihe: 4 Luftm, 1 Doppel-Stäbchen in die 4. Luftm des 4er-Luftm-Bogens der Vor-R, 5 Luftm, (1 Stäbchen, 2 Luftm, 1 Stäbchen) zwischen die 2. und 3. (1 Stäbchen, 1 Luftm, 1 Stäbchen)-Gruppe der Vor-R, * , 5 Luftm, 2 zusammen abgemaschte Doppel-Stäbchen (1. Doppel-Stäbchen in die 1. Luftm des nächsten 4er-Luftm-Bogens, das 2. Doppel-Stäbchen in die 4. Luftm des übernächsten 4er-Luftm-Bogens der Vor-R einstechen), 5 Luftm, (1 Stäbchen, 2 Luftm, 1 Stäbchen) zwischen die 2. und 3. (1 Stäbchen, 1 Luftm, 1 Stäbchen)-Gruppe der Vor-R; ab * stets wiederholen, 5 Luftm, 2 zusammen abgemaschte Doppel-Stäbchen (1. Doppel-Stäbchen in die 1. Luftm des nächsten 4er-Luftm-Bogens, das 2. Doppel-Stäbchen in die 1. feste M der Vor-R einstechen).
11. Reihe: 4 Luftm, 1 Stäbchen in das zusammen abgemaschte Doppel-Stäbchen der Vor-R, 5 Luftm, * 1 feste M um den 2er-Luftm-Bogen der Vor-R, 5 Luftm, (1 Stäbchen, 2 Luftm, 1 Stäbchen) in das zusammen abgemaschte Doppel-Stäbchen der Vor-R, 5 Luftm; ab * stets wiederholen, 1 feste M um den 2er-Luftm-Bogen der Vor-R, 5 Luftm, (1 Stäbchen, 1 Luftm, 1 Stäbchen) in die 4. Anfangs-Luftm der Vor-R.
12. Reihe: 5 Luftm, 1 Stäbchen um die Luftm der Vor-R, 4 Luftm, 1 feste M um den 5er-Luftm-Bogen der Vor-R, 1 feste M, * 1 feste M um den 5er-Luftm-Bogen der Vor-R, 4 Luftm, (1 Stäbchen, 2 Luftm, 1 Stäbchen) um den 2er-Luftm-Bogen der Vor-R, 4 Luftm, 1 feste M um den 5er-Luftm-Bogen der Vor-R, 1 feste M; ab * stets wiederholen, 1 feste M um den 5er-Luftm-Bogen der Vor-R, 4 Luftm, 1 Stäbchen in die 4. Anfangs-Luftm der Vor-R, 2 Luftm, 1 Stäbchen in die 3. Anfangs-Luftm der Vor-R.
13. Reihe: 3 Luftm, 1 Stäbchen in das letzte Stäbchen der Vor-R, 4 Luftm, 1 feste M um den 4er-Luftm-Bogen der Vor-R, 3 feste M, * 1 feste M um den 4er-Luftm-Bogen der Vor-R, 4 Luftm, (4 Stäbchen) um den 2er-Luftm-Bogen der Vor-R, 4 Luftm, 1 feste M um den 4er-Luftm-Bogen der Vor-R, 3 feste M; ab * stets wiederholen, 1 feste M um den 4er-Luftm-Bogen der Vor-R, 4 Luftm, 2 Stäbchen in die 3. Anfangs-Luftm der Vor-R.

Die 1.-13. Reihe 1x arbeiten, dann die 2.-13. Reihe stets wiederholen.

HÄKELN NACH HÄKELSCHRIFT

In der Häkelschrift sind Hin- und Rückreihen notiert.

In den Hinreihen mit den M vor dem rechten Pfeil beginnen, den Rapport zwischen den Pfeilen stets wiederholen und mit den M nach dem linken Pfeil enden.
In den Rückreihen die M entsprechend von links nach rechts lesen.

Die 1. -13. Reihe 1x arbeiten, dann die 2.-13. Reihe stets wiederholen.

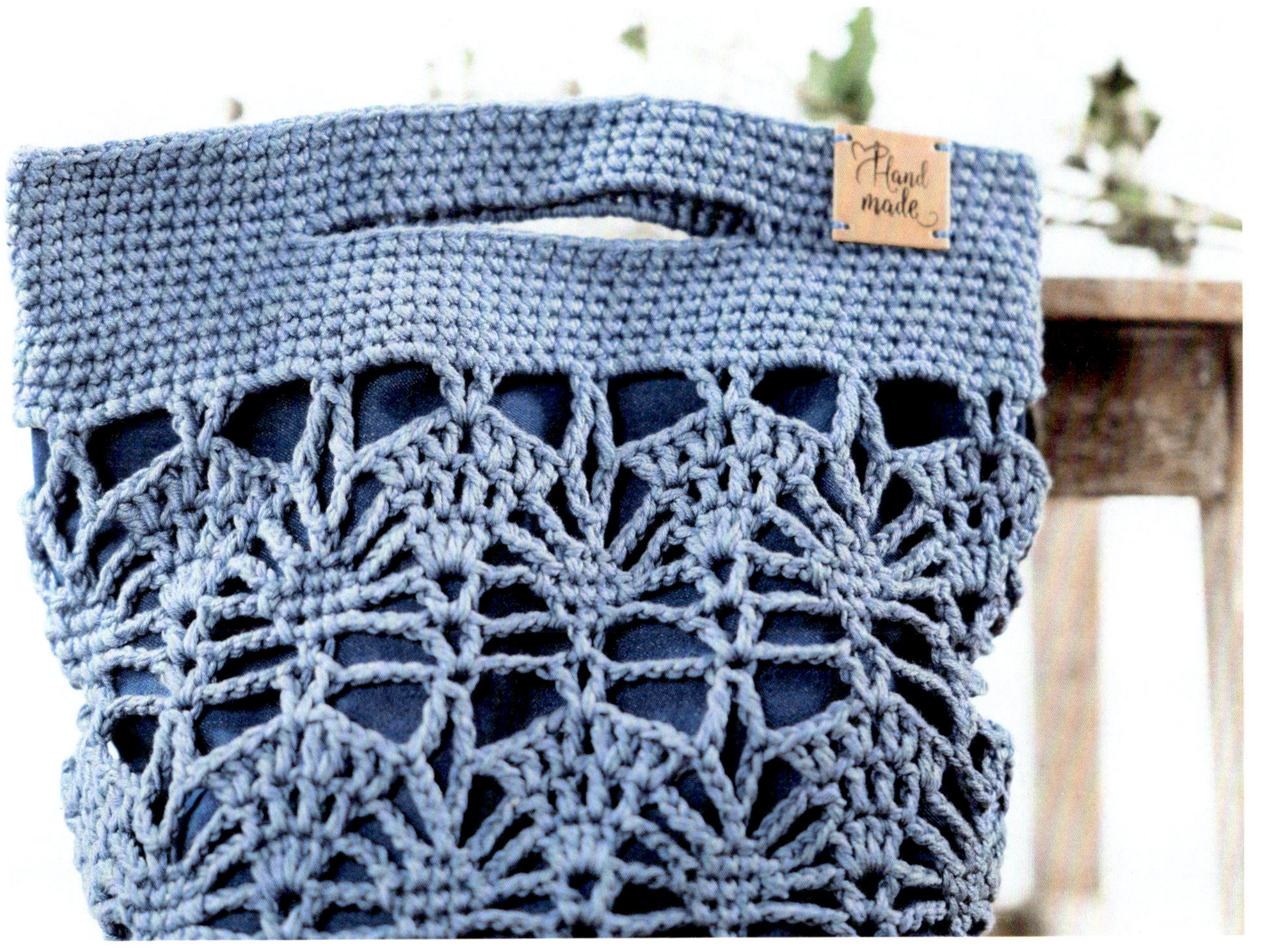

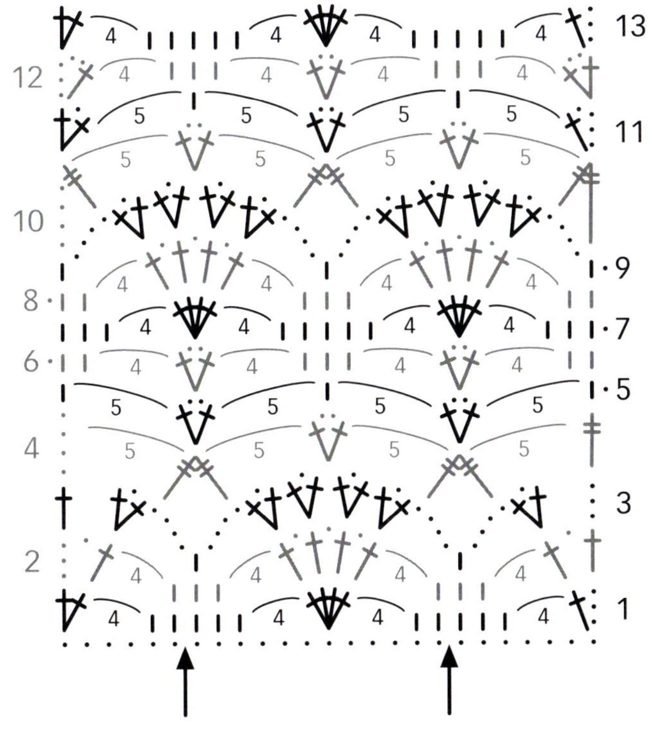

Zeichenerklärung

- · = 1 Luftmasche
- ı = 1 feste Masche
- † = 1 Stäbchen
- ‡ = 1 Doppel-Stäbchen
- (4) = 1 Luftmaschenbogen aus 4 Luftmaschen
- (5) = 1 Luftmaschenbogen aus 5 Luftmaschen

Laufen die Zeichen unten zusammen, werden die Maschen in dieselbe Einstichstelle gearbeitet. Laufen die Zeichen oben zusammen, werden die Maschen nacheinander jeweils bis vor das letzte Abmaschen gearbeitet und dann in einem letzten Schritt zusammen abgemascht.

Solsticemuster

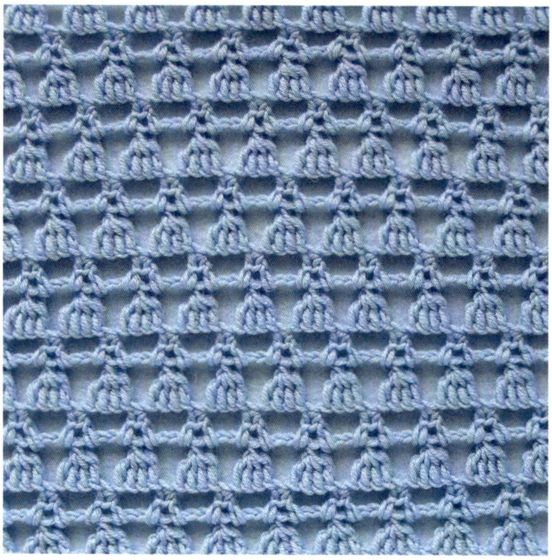

Schwierigkeitsgrad leicht
Kategorie Lochmuster mit zusammen abgemaschten Stäbchen

Maschenzahl in Reihen teilbar durch 4 + 2 M.

HÄKELN NACH MUSTERBESCHREIBUNG

1. Reihe (Hinreihe): 5 Luftm, 6 M ab Nadel überspringen, 4 zusammen abgemaschte Stäbchen in die nächste 4 Anschlags-Luftm, * 4 Luftm, 4 zusammen abgemaschte Stäbchen in die nächsten 4 M; ab * stets wiederholen, 2 Luftm, 1 Stäbchen in die erste Anschlags-Luftm.

2. Reihe (Rückreihe): 4 Luftm, 2 zusammen abgemaschte Stäbchen um den nächsten 2er- und 4er-Luftm-Bogen der Vor-R, * 4 Luftm, 2 zusammen abgemaschte Stäbchen um denselben und den nächsten 4-Luftm-Bogen der Vor-R; ab * stets wiederholen, 2 Luftm, 1 hStäbchen in die 3. Anfangs-Luftm der Vor-R.

3. Reihe: 4 Luftm, 2 zusammen abgemaschte Stäbchen in die nächsten 2 Luftm der Vor-R, * 4 Luftm, 4 zusammen abgemaschte Stäbchen in die nächsten 4 Luftm der Vor-R; ab * stets wiederholen, 4 Luftm, 2 zusammen abgemaschte Stäbchen in die 4. und 3. Anfangs-Luftm der Vor-R, 1 Luftm, 1 Stäbchen in die 2. Anfangs-Luftm der Vor-R.

4. Reihe: 3 Luftm, 2 zusammen abgemaschte Stäbchen um die nächste Luftm und den nächsten 4-Luftm-Bogen der Vor-R, * 4 Luftm, 2 zusammen abgemaschte Stäbchen um denselben und den nächsten 4-Luftm-Bogen der Vor-R; ab * stets wiederholen, 4 Luftm, 2 zusammen abgemaschte Stäbchen um denselben und um die 4. Anfangs-Luftm der Vor-R, 1 Luftm, 1 hStäbchen in die 3. Anfangs-Luftm der Vor-R.

5. Reihe: 5 Luftm, 4 zusammen abgemaschte Stäbchen in die nächsten 4 Luftm der Vor-R, * 4 Luftm, 4 zusammen abgemaschte Stäbchen in die nächsten 4 Luftm der Vor-R; ab * stets wiederholen, 2 Luftm, 1 Stäbchen in die 2. Anfangs-Luftm der Vor-R.

Die 1.–5. Reihe 1x arbeiten, dann die 2.–5. Reihe stets wiederholen.

HÄKELN NACH HÄKELSCHRIFT

In der Häkelschrift sind Hin- und Rückreihen notiert.

<u>In den Hinreihen</u> mit den M vor dem rechten Pfeil beginnen, den Rapport zwischen den Pfeilen stets wiederholen und mit den M nach dem linken Pfeil enden.
<u>In den Rückreihen</u> die M entsprechend von links nach rechts lesen.

Die 1.–5. Reihe 1x arbeiten, dann die 2.–5. Reihe stets wiederholen.

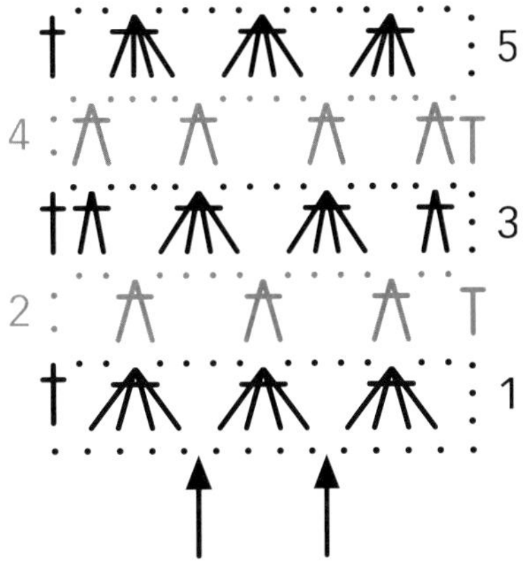

Zeichenerklärung

· = 1 Luftmasche

T = 1 halbes Stäbchen

† = 1 Stäbchen

Laufen die Zeichen oben zusammen, werden die Maschen nacheinander jeweils bis vor das letzte Abmaschen gearbeitet und dann in einem letzten Schritt zusammen abgemascht.

Salugamuster

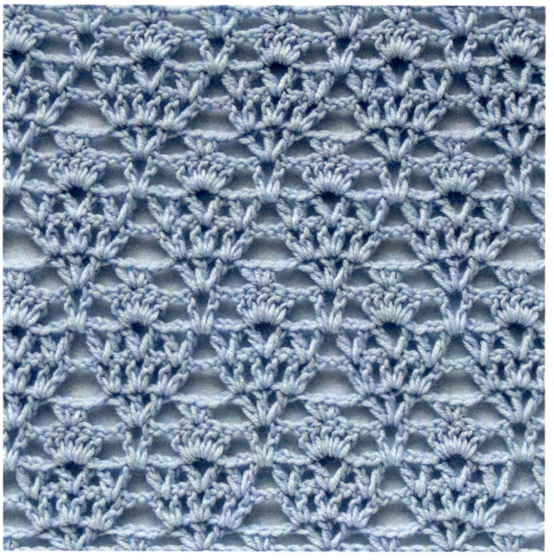

Schwierigkeitsgrad einfach
Kategorie Lochmuster mit Stäbchen und halben Stäbchen

Maschenzahl teilbar durch 8 + 1 M.

HÄKELN NACH MUSTERBESCHREIBUNG

1. Reihe (Hinreihe): 4 Luftm, 1 Stäbchen in die 5. M ab Nadel, mit 1 Luftm 3 M überspringen, 3 hStäbchen in eine Einstichstelle, mit 1 Luftm 3 M überspringen, * (1 Stäbchen, [1 Luftm, 1 Stäbchen] 2x) in eine Einstichstelle, mit 1 Luftm 3 M überspringen, 3 hStäbchen in eine Einstichstelle, mit 1 Luftm 3 M überspringen; ab* stets wiederholen, (1 Stäbchen, 1 Luftm, 1 Stäbchen) in die 1. Anschlags-Luftm.

2. Reihe (Rückreihe): 4 Luftm, (1 Stäbchen, 1 Luftm, 1 Stäbchen) in das vorletzte Stäbchen der Vor-R, * 2 Luftm, [(1 Stäbchen, 1 Luftm, 1 Stäbchen) in das 1. Stäbchen der Vor-R, 1 Luftm] 2x, (1 Stäbchen, 1 Luftm, 1 Stäbchen) in das nächste Stäbchen der Vor-R; ab * stets wiederholen, 2 Luftm, (1 Stäbchen, 1 Luftm, 1 Stäbchen) in das 1. Stäbchen der Vor-R, 1 Luftm, 1 Stäbchen in die 3. Anfangs-Luftm der Vor-R.

3. Reihe: 3 Luftm, (1 Stäbchen, 2 Luftm, 1 Stäbchen) um die übernächste Luftm der Vor-R, * (1 Stäbchen, 2 Luftm, 1 Stäbchen) um die Luftm zwischen den 2 Stäbchen der Vor-R, (1 Stäbchen, 3 Luftm, 1 Stäbchen) um die Luftm zwischen den 2 Stäbchen der Vor-R, (1 Stäbchen, 2 Luftm, 1 Stäbchen) um die Luftm zwischen den 2 Stäbchen der Vor-R; ab * stets wiederholen, (1 Stäbchen, 2 Luftm, 1 Stäbchen) um die Luftm zwischen den 2 Stäbchen der Vor-R, 1 Stäbchen in die 3. Anfangs-Luftm der Vor-R.

4. Reihe: 3 Luftm, 2 Stäbchen in das letzte Stäbchen der Vor-R, 1 Luftm, * (1 Stäbchen, 2 Luftm, 1 Stäbchen) zwischen die beiden Stäbchen-Gruppen der Vor-R, 1 Luftm, 5 Stäbchen um den 3er-Luftm-Bogen der Vor-R, 1 Luftm; ab * stets wiederholen, (1 Stäbchen, 2 Luftm, 1 Stäbchen) zwischen die beiden Stäbchen-Gruppen der Vor-R, 1 Luftm, 3 Stäbchen in die 3. Anfangs-Luftm der Vor-R.

5. Reihe: 2 Luftm, 1 hStäbchen in das letzte Stäbchen der Vor-R, 1 Luftm, (1 Stäbchen, [1 Luftm, 1 Stäbchen] 2x) um den 2er-Luftm-Bogen der Vor-R, 1 Luftm, * 3 hStäbchen in das mittlere Stäbchen der 5er-Stäbchen-Gruppe der Vor-R, 1 Luftm, (1 Stäbchen, [1 Luftm, 1 Stäbchen] 2x) um den 2er-Luftm-Bogen der Vor-R, 1 Luftm; ab * stets wiederholen, 2 hStäbchen in die 3. Anfangs-Luftm der Vor-R.

6. Reihe: 3 Luftm, (1 Stäbchen, 1 Luftm, 1 Stäbchen) in das Stäbchen der Vor-R, [1 Luftm, (1 Stäbchen, 1 Luftm, 1 Stäbchen) in das nächste Stäbchen der Vor-R] 2x, * 2 Luftm, (1 Stäbchen, 1 Luftm, 1 Stäbchen) in das Stäbchen der Vor-R, [1 Luftm, (1 Stäbchen, 1 Luftm, 1 Stäbchen) in das nächste Stäbchen der Vor-R] 2x; ab * stets wiederholen, 1 Stäbchen in die 2. Anfangs-Luftm der Vor-R.

7. Reihe: 3 Luftm, * (1 Stäbchen, 2 Luftm, 1 Stäbchen) um die Luftm zwischen den beiden Stäbchen der Vor-R, (1 Stäbchen, 3 Luftm, 1 Stäbchen) um die Luftm zwischen den beiden Stäbchen der Vor-R, (1 Stäbchen, 2 Luftm, 1 Stäbchen) um die Luftm zwischen den beiden Stäbchen der Vor-R; ab * stets wiederholen, 1 Stäbchen in die 3. Anfangs-Luftm der Vor-R.

8. Reihe: 4 Luftm, 1 Stäbchen in das letzte Stäbchen der Vor-R, * 1 Luftm, 5 Stäbchen um den 3er-Luftm-Bogen der Vor-R, 1 Luftm, (1 Stäbchen, 2 Luftm, 1 Stäbchen) zwischen die beiden Stäbchen-Gruppen der Vor-R; ab * stets wiederholen, 1 Luftm, 5 Stäbchen um den 3er-Luftm-Bogen der Vor-R, 1 Luftm, (1 Stäbchen, 1 Luftm, 1 Stäbchen) in die 3. Anfangs-Luftm der Vor-R.

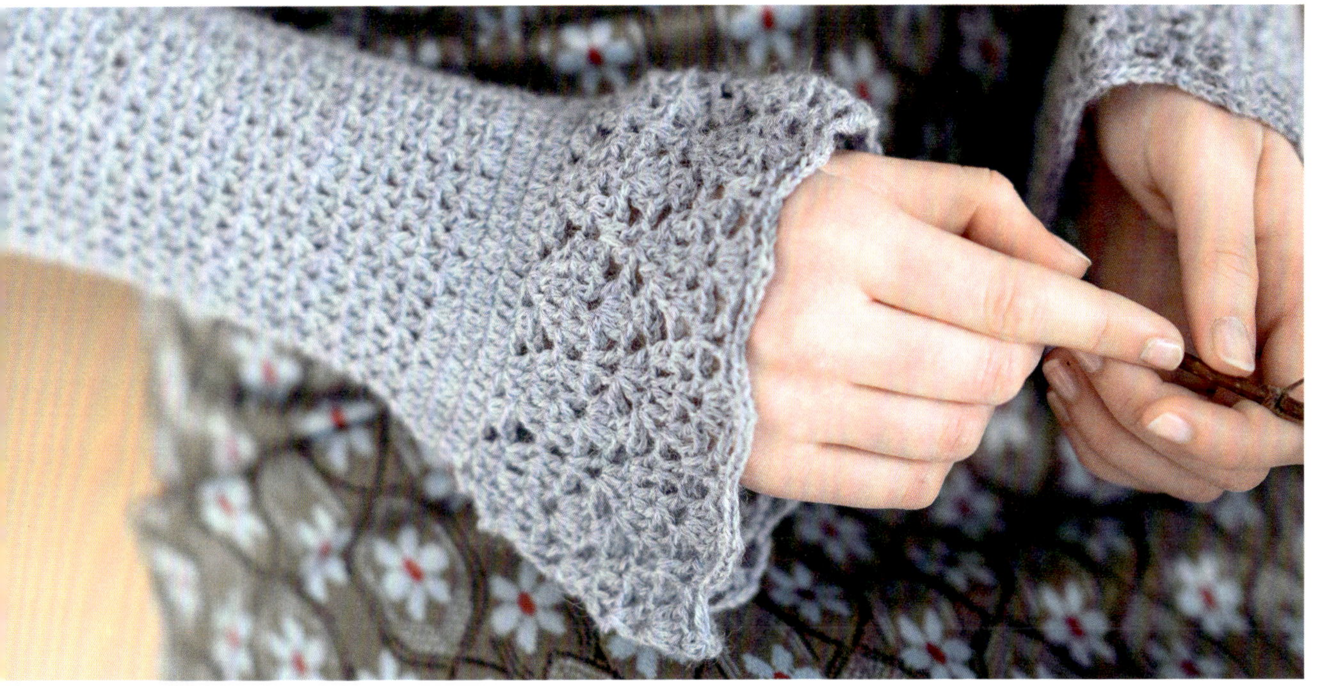

9. Reihe: 4 Luftm, 1 Stäbchen um die Luftm der Vor-R, 1 Luftm, 3 hStäbchen in das mittlere Stäbchen der 5er-Stäbchen-Gruppe der Vor-R, 1 Luftm, * (1 Stäbchen, [1 Luftm, 1 Stäbchen] 2x) um den 2er-Luftm-Bogen der Vor-R, 1 Luftm, 3 hStäbchen in das mittlere Stäbchen der 5er-Stäbchen-Gruppe der Vor-R, 1 Luftm; ab * stets wiederholen, 1 Stäbchen in die 4. Anfangs-Luftm der Vor-R, 1 Luftm, 1 Stäbchen in die 3. Anfangs-Luftm der Vor-R.

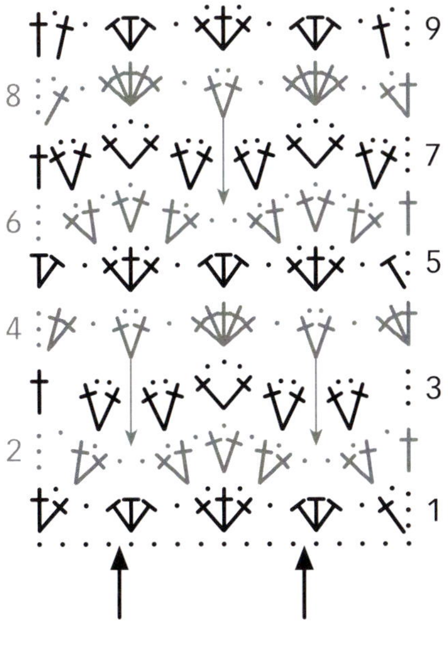

Die 1.–9. Reihe 1x arbeiten, dann die 2.–9. Reihe stets wiederholen.

HÄKELN NACH HÄKELSCHRIFT

In der Häkelschrift sind Hin- und Rückreihen notiert.

In den Hinreihen mit den M vor dem rechten Pfeil beginnen, den Rapport zwischen den Pfeilen stets wiederholen und mit den M nach dem linken Pfeil enden.
In den Rückreihen die M entsprechend von links nach rechts lesen.

Die 1.–9. Reihe 1x arbeiten, dann die 2.–9. Reihe stets wiederholen.

Zeichenerklärung

- · = 1 Luftmasche
- T = 1 feste Masche
- † = 1 Stäbchen
- (Symbol) = (1 Stäbchen, 2 Luftmaschen, 1 Stäbchen) zwischen die beiden Stäbchen-Gruppen der Vorreihe

Laufen die Zeichen unten zusammen, werden die Maschen in dieselbe Einstichstelle gearbeitet.

Pusteblume-Muster

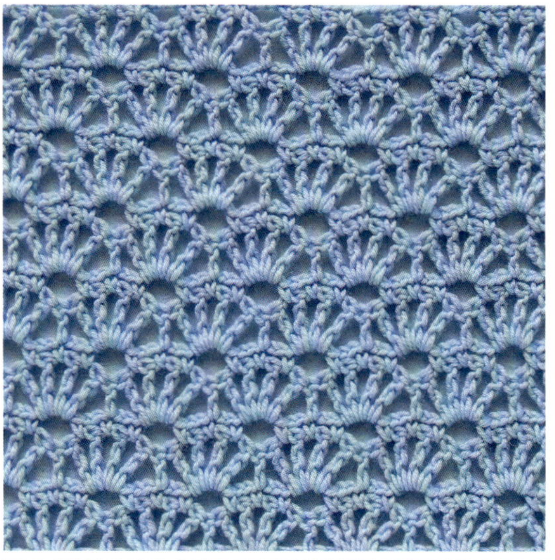

Schwierigkeitsgrad leicht
Kategorie Lochmuster mit Stäbchen und Doppelstäbchen

Maschenzahl in Reihen teilbar durch 6 + 4 M.

HÄKELN NACH MUSTERBESCHREIBUNG

1. Reihe (Hinreihe): 1 Wende-Luftm, 1 feste M in die 2. M ab Nadel, * mit 2 Luftm 2 M überspringen, 1 feste M; ab * stets wiederholen.
2. Reihe (Rückreihe): 5 Luftm, (1 Doppel-Stäbchen, [1 Luftm, 1 Doppel-Stäbchen] 2x) um den 2er-Luftm-Bogen der Vor-R, * 1 Stäbchen um den 2er-Luftm-Bogen der Vor-R, (1 Doppel-Stäbchen, [1 Luftm, 1 Doppel-Stäbchen] 3x) um den 2er-Luftm-Bogen der Vor-R; ab * stets wiederholen, 1 Stäbchen um den 2er-Luftm-Bogen der Vor-R, (1 Doppel-Stäbchen, [1 Luftm, 1 Doppel-Stäbchen] 2x) um den 2er-Luftm-Bogen der Vor-R, 1 Luftm, 1 Doppel-Stäbchen in die 1. feste M der Vor-R.
3. Reihe: 4 Luftm, 1 feste M um die übernächste Luftm zwischen den Doppel-Stäbchen der Vor-R, 2 Luftm, 1 feste M um die nächste Luftm zwischen den Doppel-Stäbchen der Vor-R, 3 Luftm, * 1 feste M um die Luftm zwischen den Doppel-Stäbchen der Vor-R, [2 Luftm, 1 feste M um die Luftm zwischen den Doppel-Stäbchen der Vor-R] 2x, 3 Luftm; ab * stets wiederholen, [1 feste M um die Luftm zwischen den Doppel-Stäbchen der Vor-R, 2 Luftm] 2x, 1 feste M in die 4. Anfangs-Luftm der Vor-R.
4. Reihe: 5 Luftm, 1 Stäbchen in die vorletzte feste M der Vor-R, * (1 Doppel-Stäbchen, [1 Luftm, 1 Doppel-Stäbchen] 3x) um den 3er-Luftm-Bogen der Vor-R, 1 Stäbchen in die übernächste feste M der Vor-R; ab * stets wiederholen, 2 Luftm, 1 Stäbchen in die 2. Anfangs-Luftm der Vor-R.
5. Reihe: 2 Luftm, * 3 Luftm, 1 feste M um die Luftm zwischen den Doppel-Stäbchen der Vor-R, [2 Luftm, 1 feste M um die Luftm zwischen den Doppel-Stäbchen der Vor-R] 2x; ab * stets wiederholen, 3 Luftm, 1 feste M in die 3. Anfangs-Luftm der Vor-R.
6. Reihe: 5 Luftm, (1 Doppel-Stäbchen, [1 Luftm, 1 Doppel-Stäbchen] 2x) um den 3er-Luftm-Bogen der Vor-R, * 1 Stäbchen in die übernächste feste M der Vor-R, (1 Doppel-Stäbchen, [1 Luftm, 1 Doppel-Stäbchen] 3x) um den 3er-Luftm-Bogen der Vor-R; ab * stets wiederholen, 1 Stäbchen in die übernächste feste M der Vor-R, (1 Doppel-Stäbchen, [1 Luftm, 1 Doppel-Stäbchen] 2x) um den 3er-Luftm-Bogen der Vor-R, 1 Luftm, 1 Doppel-Stäbchen in die 2. Anfangs-Luftm der Vor-R.

Die 1.–6. Reihe 1x arbeiten, denn die 3.–6. Reihe stets wiederholen.

HÄKELN NACH HÄKELSCHRIFT

In der Häkelschrift sind Hin- und Rückreihen notiert.

In den Hinreihen mit den M vor dem rechten Pfeil beginnen, den Rapport zwischen den Pfeilen stets wiederholen und mit den M nach dem linken Pfeil enden.
In den Rückreihen die M entsprechend von links nach rechts lesen.

Die 1.–6. Reihe 1x arbeiten, dann die 3.–6. Reihe stets wiederholen.

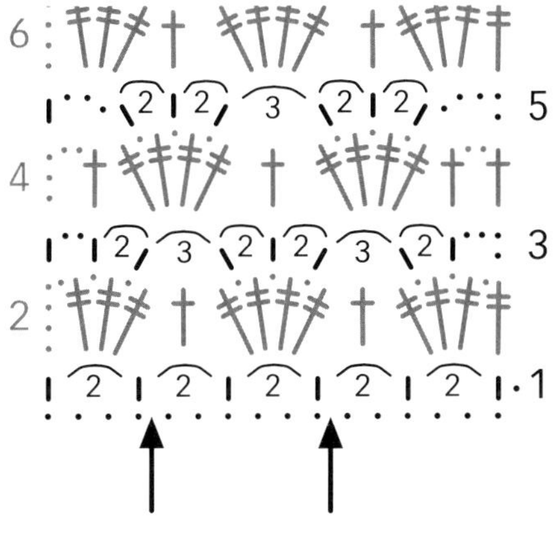

Zeichenerklärung

- · = 1 Luftmasche
- ı = 1 feste Masche
- † = 1 Stäbchen
- ‡ = 1 Doppel-Stäbchen
- ⌒2 = 1 Luftmaschenbogen aus 2 Luftmaschen
- ⌒3 = 1 Luftmaschenbogen aus 3 Luftmaschen

Rautenmuster

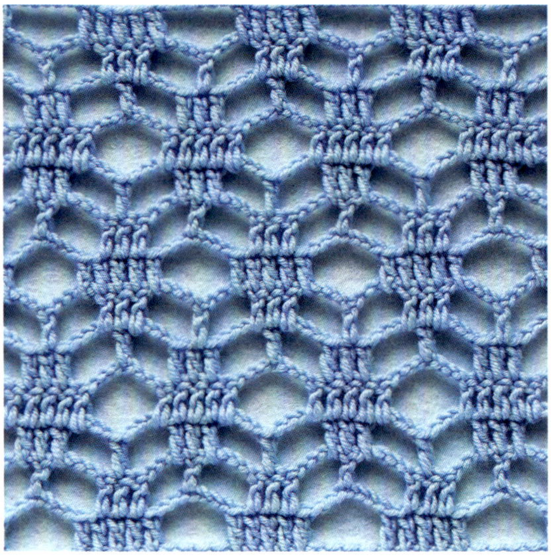

Schwierigkeitsgrad einfach
Kategorie Lochmuster mit Stäbchen

Maschenzahl teilbar durch 9 + 1 M.

HÄKELN NACH MUSTERBESCHREIBUNG

1. Reihe (Hinreihe): 3 Luftm, je 1 Stäbchen in die 5. und 6. M ab Nadel, mit 7 Luftm 4 M überspringen, * 5 Stäbchen, mit 7 Luftm 4 M überspringen; ab * stets wiederholen, 3 Stäbchen.
2. Reihe (Rückreihe): 3 Luftm, 1 Stäbchen in das nächste Stäbchen der Vor-R, * 4 Luftm, 1 Stäbchen in die mittlere Luftm des 7-Luftm-Bogens der Vor-R, mit 4 Luftm 1 Stäbchen der Vor-R überspringen, 3 Stäbchen; ab * stets wiederholen, 4 Luftm, 1 Stäbchen in die mittlere Luftm des 7-Luftm-Bogens der Vor-R, mit 4 Luftm 1 Stäbchen überspringen, 1 Stäbchen, 1 Stäbchen in die 3. Anfangs-Luftm der Vor-R.
3. Reihe: 7 Luftm, 1 Stäbchen um den 4-Luftm-Bogen der Vor-R, 1 Stäbchen, 1 Stäbchen um den 4-Luftm-Bogen der Vor-R, * mit 4 Luftm 1 Stäbchen der Vor-R überspringen, 1 Stäbchen, 4 Luftm, 1 Stäbchen um den 4-Luftm-Bogen der Vor-R, 1 Stäbchen, 1 Stäbchen um den 4-Luftm-Bogen der Vor-R; ab * stets wiederholen, mit 4 Luftm 1 Stäbchen der Vor-R überspringen, 1 Stäbchen in die 3. Anfangs-Luftm der Vor-R.
4. Reihe: 6 Luftm, * 1 Stäbchen um den 4-Luftm-Bogen der Vor-R, 3 Stäbchen, 1 Stäbchen um den 4-Luftm-Bogen der Vor-R, mit 7 Luftm 1 Stäbchen der Vor-R überspringen; ab * stets wiederholen, 1 Stäbchen um den 4-Luftm-Bogen der Vor-R, 3 Stäbchen, 1 Stäbchen um den 4-Luftm-Bogen der Vor-R, 3 Luftm, 1 Stäbchen in die 3. Anfangs-Luftm der Vor-R.
5. Reihe: 7 Luftm, 1 Stäbchen der Vor-R überspringen, 3 Stäbchen, * 4 Luftm, 1 Stäbchen in die mittlere Luftm des 7-Luftm-Bogens der Vor-R, mit 4 Luftm 1 Stäbchen der Vor-R überspringen, 3 Stäbchen; ab * stets wiederholen, 4 Luftm, 1 Stäbchen in die 3. Anfangs-Luftm der Vor-R.
6. Reihe: 3 Luftm, 1 Stäbchen um den 4-Luftm-Bogen der Vor-R, * mit 4 Luftm 1 Stäbchen der Vor-R überspringen, 1 Stäbchen, 4 Luftm, 1 Stäbchen um den 4-Luftm-Bogen der Vor-R, 1 Stäbchen, 1 Stäbchen um den 4-Luftm-Bogen der Vor-R; ab * stets wiederholen, mit 4 Luftm 1 Stäbchen der Vor-R überspringen, 1 Stäbchen, 4 Luftm, 1 Stäbchen um den 4-Luftm-Bogen der Vor-R, 1 Stäbchen in die 3. Anfangs-Luftm der Vor-R.
7. Reihe: 3 Luftm, 1 Stäbchen in das nächste Stäbchen der Vor-R, 1 Stäbchen um den 4-Luftm-Bogen der Vor-R, mit 7 Luftm 1 Stäbchen der Vor-R überspringen, * 1 Stäbchen um den 4-Luftm-Bogen der Vor-R, 3 Stäbchen, 1 Stäbchen um den 4-Luftm-Bogen der Vor-R, mit 7 Luftm 1 Stäbchen der Vor-R überspringen; ab * stets wiederholen, 1 Stäbchen um den 4-Luftm-Bogen der Vor-R, 1 Stäbchen, 1 Stäbchen in die 3. Anfangs-Luftm der Vor-R.

Die 1.–7. Reihe 1x arbeiten, dann die 2.–7. Reihe stets wiederholen.

HÄKELN NACH HÄKELSCHRIFT

In der Häkelschrift sind Hin- und Rückreihen notiert.

In den Hinreihen mit den M vor dem rechten Pfeil beginnen, den Rapport zwischen den Pfeilen stets wiederholen und mit den M nach dem linken Pfeil enden.
In den Rückreihen die M entsprechend von links nach rechts lesen.

Die 1.–7. Reihe 1x arbeiten, dann die 2.–7. Reihe stets wiederholen.

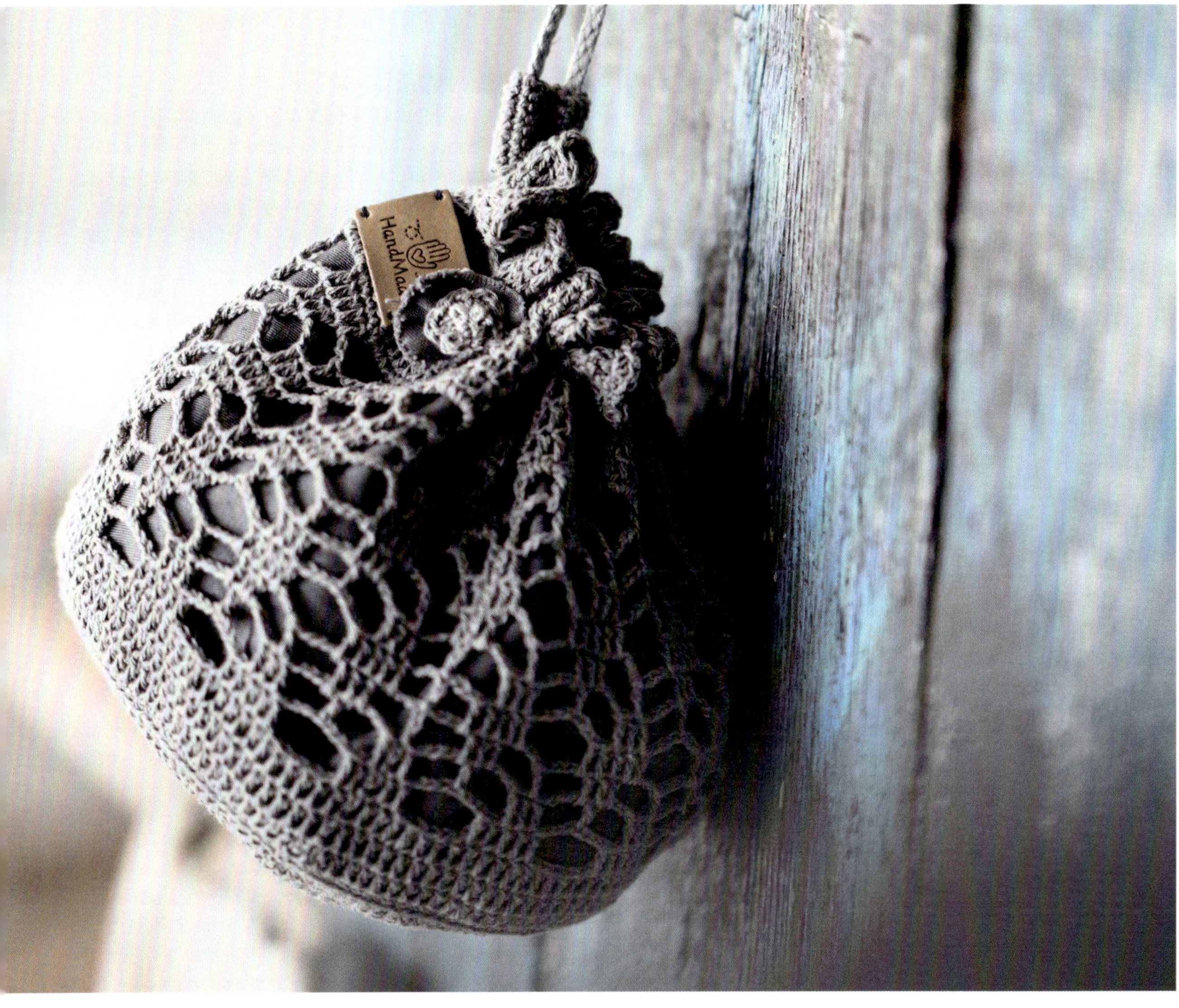

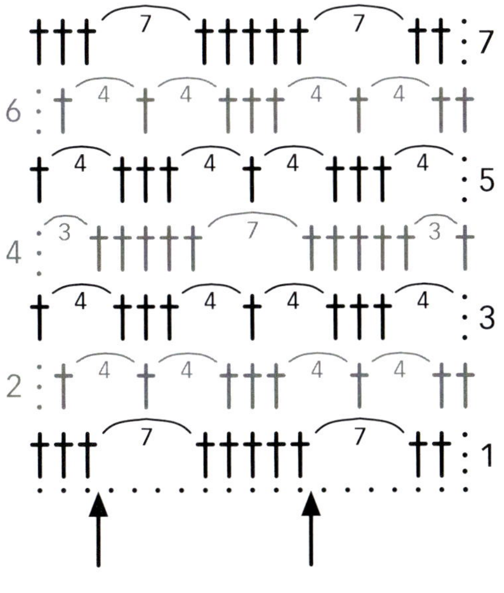

Zeichenerklärung

- · = 1 Luftmasche
- † = 1 Stäbchen
- (3) = 1 Luftmaschenbogen aus 3 Luftmaschen
- (4) = 1 Luftmaschenbogen aus 4 Luftmaschen
- (7) = 1 Luftmaschenbogen aus 7 Luftmaschen

Sternenmuster

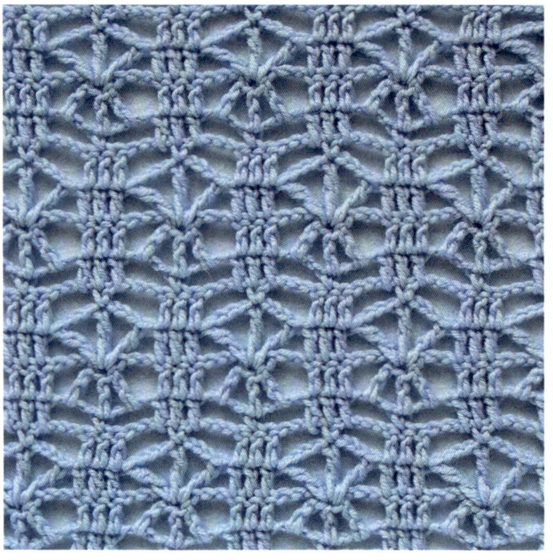

Schwierigkeitsgrad mittel
Kategorie Lochmuster mit Stäbchen und Doppelstäbchen

Maschenzahl teilbar durch 10 + 3 M.

Doppel-Stäbchen-Gruppe:
Für das 1. Doppel-Stäbchen in die übernächste Luftm der Vor-R einstechen, das Doppel-Stäbchen bis vor das letzte Abmaschen häkeln, für das 2. Doppel-Stäbchen in die feste M der Vor-R einstechen und bis vor das Abmaschen häkeln und für das 3. Doppel-Stäbchen in die 3. Luftm des nächsten Luftm-Bogens der Vor-R einstechen, bis vor das Abmaschen häkeln und im nächsten Schritt alle 3 begonnenen Doppel-Stäbchen zusammen abmaschen.

HÄKELN NACH MUSTERBESCHREIBUNG

1. Reihe (Hinreihe): 3 Luftm, je 1 Stäbchen in die 5. und 6. M ab Nadel, * mit 4 Luftm 3 M überspringen, 1 feste M, mit 4 Luftm 3 M überspringen, 3 Stäbchen; ab * stets wiederholen.
2. Reihe (Rückreihe): 3 Luftm, 2 Stäbchen, 3 Luftm, 1 Doppel-Stäbchen-Gruppe, mit 3 Luftm die letzte Luftm des Luftm-Bogens überspringen, * 3 Stäbchen, 3 Luftm, 1 Doppel-Stäbchen-Gruppe, 3 Luftm; ab * stets wiederholen, 2 Stäbchen, 1 Stäbchen in die 3. Anfangs-Luftm der Vor-R.
3. Reihe: 3 Luftm, 2 Stäbchen, * (1 Doppel-Stäbchen, [3 Luftm, 1 Doppel-Stäbchen] 2x) in die Doppel-Stäbchen-Gruppe der Vor-R, den Luftm-Bogen der Vor-R überspringen, 3 Stäbchen; ab * stets wiederholen und bei der letzten Wiederholung das letzte Stäbchen in die 3. Anfangs-Luftm der Vor-R häkeln.
4. Reihe: 3 Luftm, 2 Stäbchen, * 4 Luftm, 1 feste M in das mittlere Doppel-Stäbchen der Vor-R, 4 Luftm, 3 Stäbchen; ab * stets wiederholen und bei der letzten Wiederholung das letzte Stäbchen in die 3. Anfangs-Luftm der Vor-R häkeln.
5. Reihe: 3 Luftm, 2 Stäbchen, 3 Luftm, * 1 Stäbchen um den 4er-Luftm-Bogen der Vor-R, 1 Stäbchen, 1 Stäbchen um den nächsten 4er-Luftm-Bogen der Vor-R, 4 Luftm, 1 feste M in das mittlere Stäbchen der Vor-R, 4 Luftm; ab * stets wiederholen, 1 Stäbchen um den 4er-Luftm-Bogen der Vor-R, 1 Stäbchen, 1 Stäbchen um den nächsten 4er-Luftm-Bogen der Vor-R, 3 Luftm, die Luftm des letzten Luftm-Bogens der Vor-R überspringen, 2 Stäbchen, 1 Stäbchen in die 3. Anfangs-Luftm der Vor-R.
6. Reihe: 4 Luftm, (1 Stäbchen in das nächste Stäbchen der Vor-R, 1 Doppel-Stäbchen in die mittlere Luftm des 3er-Luftm-Bogens der Vor-R) zusammen abmaschen, mit 3 Luftm die letzte Luftm des Luftm-Bogens überspringen, 3 Stäbchen, * 3 Luftm, 1 Doppel-Stäbchen-Gruppe, mit 3 Luftm die letzte Luftm des Luftm-Bogens überspringen, 3 Stäbchen; ab * stets wiederholen, 3 Luftm, (1 Doppel-Stäbchen in die mittlere Luftm des 3er-Luftm-Bogens der Vor-R, 1 Stäbchen in das übernächste Stäbchen der Vor-R) zusammen abmaschen, 1 Stäbchen in die 3. Anfangs-Luftm der Vor-R.

7. Reihe: 4 Luftm, (1 Doppel-Stäbchen, 3 Luftm, 1 Doppel-Stäbchen) in das zusammen abgemaschte Stäbchen/Doppel-Stäbchen der Vor-R, den 3-Luftm-Bogen der Vor-R überspringen, * 3 Stäbchen, (1 Doppel-Stäbchen, [3 Luftm, 1 Doppel-Stäbchen] 2x) in die Doppel-Stäbchen-Gruppe der Vor-R, den 3-Luftm-Bogen der Vor-R überspringen; ab * stets wiederholen, 3 Stäbchen, (1 Doppel-Stäbchen, 3 Luftm, 1 Doppel-Stäbchen) in das zusammen abgemaschte Stäbchen/Doppel-Stäbchen der Vor-R, 1 Doppel-Stäbchen in die 4. Anfangs-Luftm der Vor-R.
8. Reihe: 2 Luftm, 1 feste M, mit 4 Luftm den 3-Luftm-Bogen und das Doppel-Stäbchen der Vor-R überspringen, 3 Stäbchen, * 4 Luftm, 1 feste M in das mittlere Doppel-Stäbchen der Vor-R, mit 4 Luftm den 3-Luftm-Bogen und 1 Doppelstäbchen der Vor-R überspringen, 3 Stäbchen; ab * stets wiederholen, mit 4 Luftm 1 Doppelstäbchen und den 3-Luftm-Bogen der Vor-R überspringen, 1 feste M, 1 feste M in die 4. Anfangs-Luftm der Vor-R.

9. Reihe: 3 Luftm, 1 Stäbchen, 1 Stäbchen um den 4er-Luftm-Bogen der Vor-R, * 4 Luftm, 1 feste M in das mittlere Stäbchen der Vor-R, 4 Luftm, 1 Stäbchen um den nächsten 4er-Luftm-Bogen der Vor-R, 1 Stäbchen in die feste M der Vor-R, 1 Stäbchen um den nächsten 4er-Luftm-Bogen der Vor-R; ab * stets wiederholen und bei der letzten Wiederholung das letzte Stäbchen in die 2. Anfangs-Luftm der Vor-R häkeln.

Die 1.–9. Reihe 1x arbeiten, dann die 2.–9. Reihe stets wiederholen.

HÄKELN NACH HÄKELSCHRIFT

In der Häkelschrift sind Hin- und Rückreihen notiert.

In den Hinreihen mit den M vor dem rechten Pfeil beginnen, den Rapport zwischen den Pfeilen stets wiederholen und mit den M nach dem linken Pfeil enden.
In den Rückreihen die M entsprechend von links nach rechts lesen.

Die 1.–9. Reihe 1x arbeiten, dann die 2.–9. Reihe stets wiederholen.

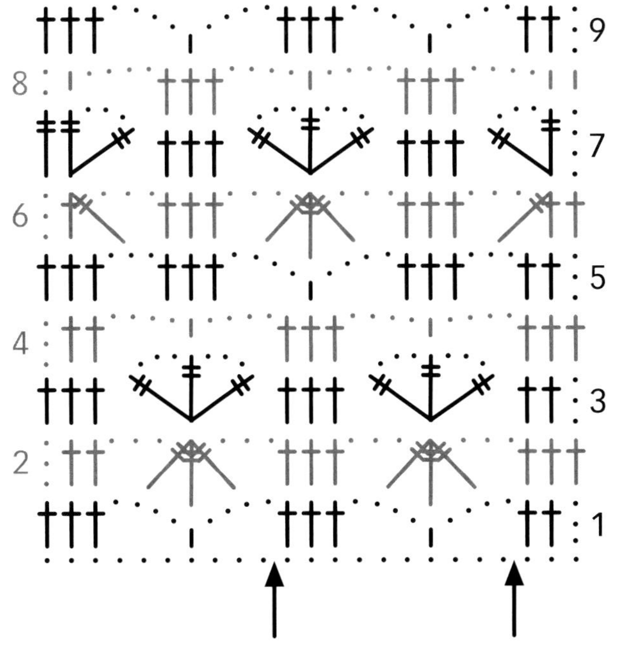

Zeichenerklärung

- · = 1 Luftmasche
- ı = 1 feste Masche
- † = 1 Stäbchen
- ‡ = 1 Doppel-Stäbchen

Laufen die Zeichen unten zusammen, werden die Maschen in dieselbe Einstichstelle gearbeitet. Laufen die Zeichen oben zusammen, werden die Maschen nacheinander jeweils bis vor das letzte Abmaschen gearbeitet und dann zusammen abgemascht.

Daliamuster

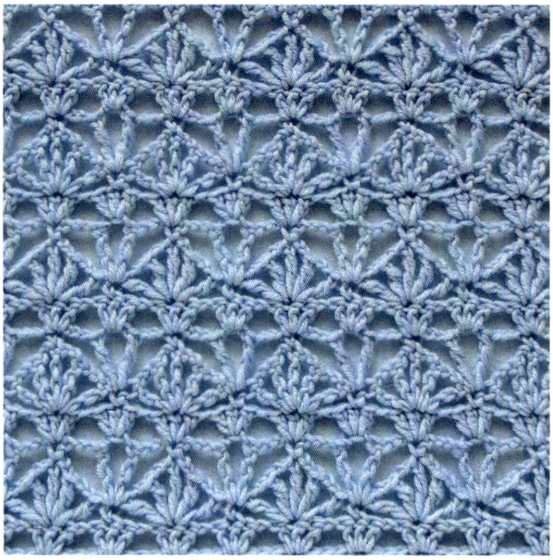

Schwierigkeitsgrad mittel
Kategorie Lochmuster mit Stäbchen und Doppelstäbchen

Maschenzahl teilbar durch 8 + 5 M.

HÄKELN NACH MUSTERBESCHREIBUNG

1. Reihe (Hinreihe): 3 Luftm, 4 M ab Nadel überspringen, 1 Stäbchen in jede Anschlags-Luftm.
2. Reihe (Rückreihe): 4 Luftm, 1 Stäbchen überspringen, 3 Stäbchen in eine Einstichstelle, * mit 1 Luftm 3 Stäbchen der Vor-R überspringen, 3 Stäbchen in eine Einstichstelle; ab * stets wiederholen, mit 1 Luftm 1 Stäbchen überspringen, 1 Stäbchen in die 3. Anfangs-Luftm der Vor-R.
3. Reihe: 4 Luftm, * 1 feste M in das mittlere Stäbchen der 3er-Stäbchen-Gruppe der Vor-R, (1 Doppel-Stäbchen, [2 Luftm, 1 Doppel-Stäbchen] 4x) in das mittlere Stäbchen der 3er-Stäbchen-Gruppe der Vor-R; ab * stets wiederholen, 1 feste M in das mittlere Stäbchen der 3er-Stäbchen-Gruppe der Vor-R, 2 Luftm, 1 feste M in die 3. Anfangs-Luftm der Vor-R.
4. Reihe: 4 Luftm, (1 Doppel-Stäbchen, 3 Luftm, 1 Doppel-Stäbchen) in die feste M der Vor-R, * 3 Luftm, 1 feste M in das mittlere Doppel-Stäbchen der 5er-Doppel-Stäbchen-Gruppe der Vor-R, 3 Luftm, (1 Doppel-Stäbchen, 3 Luftm, 1 Doppel-Stäbchen) in die feste M der Vor-R; ab * stets wiederholen, 1 Doppel-Stäbchen in die 2. Anfangs-Luftm der Vor-R.
5. Reihe: 4 Luftm, * 3 Stäbchen in die mittlere Luftm des 3er-Luftm-Bogens der Vor-R, 1 Luftm, 3 Stäbchen in die feste M der Vor-R, 1 Luftm; ab * stets wiederholen, 3 Stäbchen in die mittlere Luftm des 3er-Luftm-Bogens der Vor-R, 1 Luftm, 1 Stäbchen in die 4. Anfangs-Luftm der Vor-R.
6. Reihe: 4 Luftm, 1 feste M in das mittlere Stäbchen der 3er-Stäbchen-Gruppe der Vor-R, * (1 Doppel-Stäbchen, [2 Luftm, 1 Doppel-Stäbchen] 4x) in das mittlere Stäbchen der 3er-Stäbchen-Gruppe der Vor-R, 1 feste M in das mittlere Stäbchen der 3er-Stäbchen-Gruppe der Vor-R; ab * stets wiederholen, 2 Luftm, 1 feste M in die 3. Anfangs-Luftm der Vor-R.
7. Reihe: 4 Luftm, * (1 Doppel-Stäbchen, 3 Luftm, 1 Doppel-Stäbchen) in die feste M der Vor-R, 3 Luftm, 1 feste M in das mittlere Doppel-Stäbchen der 5er-Doppel-Stäbchen-Gruppe der Vor-R, 3 Luftm; ab * stets wiederholen, (1 Doppel-Stäbchen, 3 Luftm, 1 Doppel-Stäbchen) in die feste M der Vor-R, 1 Doppel-Stäbchen in die 2. Anfangs-Luftm der Vor-R.
8. Reihe: 4 Luftm, 3 Stäbchen in die mittlere Luftm des 3er-Luftm-Bogens der Vor-R, * 1 Luftm, 3 Stäbchen in die feste M der Vor-R, 1 Luftm, 3 Stäbchen in die mittlere Luftm des 3er-Luftm-Bogens der Vor-R; ab * stets wiederholen, 1 Luftm, 1 Stäbchen in die 4. Anfangs-Luftm der Vor-R.

Die 1.–8. Reihe 1x arbeiten, dann die 3.–8. Reihe stets wiederholen.

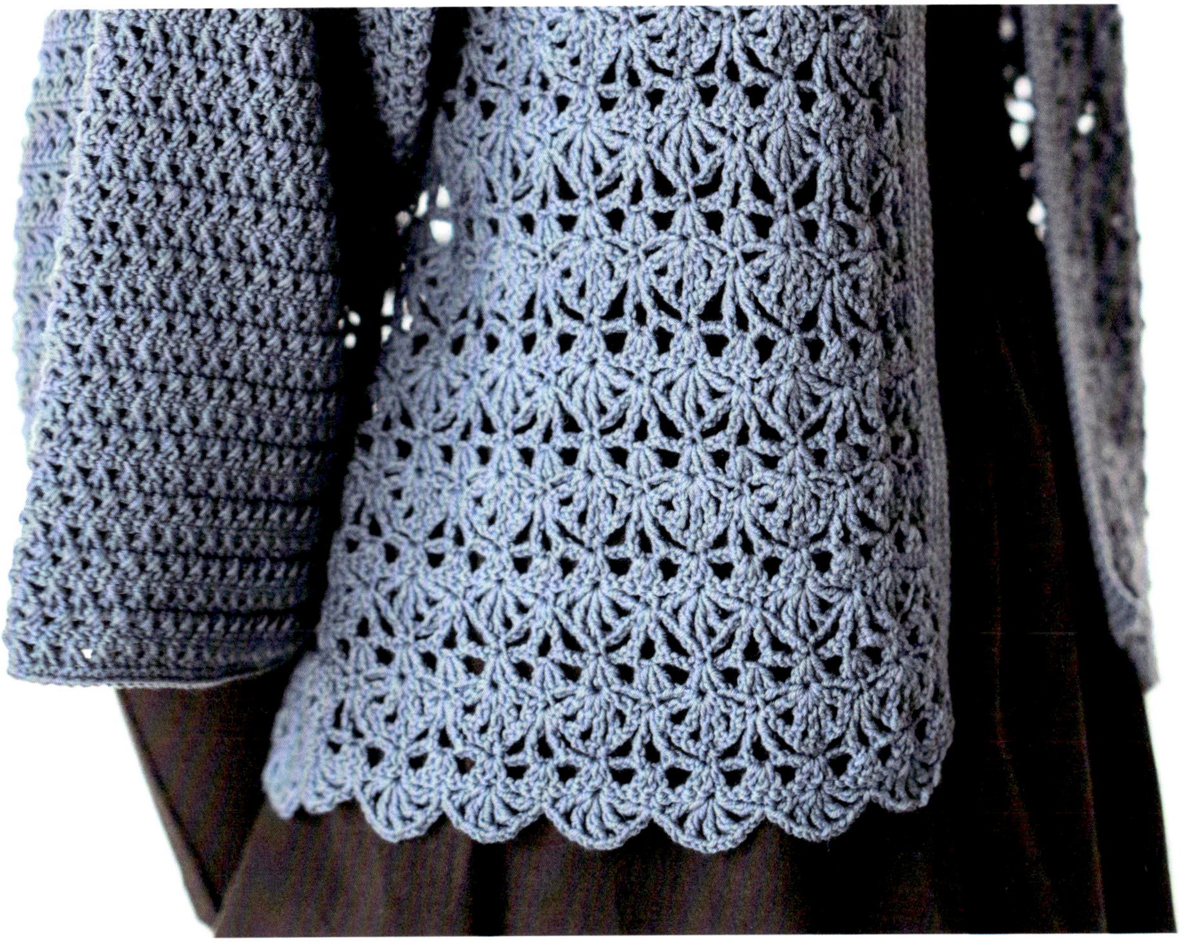

HÄKELN NACH HÄKELSCHRIFT

In der Häkelschrift sind Hin- und Rückreihen notiert.

In den Hinreihen mit den M vor dem rechten Pfeil beginnen, den Rapport zwischen den Pfeilen stets wiederholen und mit den M nach dem linken Pfeil enden.
In den Rückreihen die M entsprechend von links nach rechts lesen.

Die 1.–8. Reihe 1x arbeiten, dann die 3.–8. Reihe stets wiederholen.

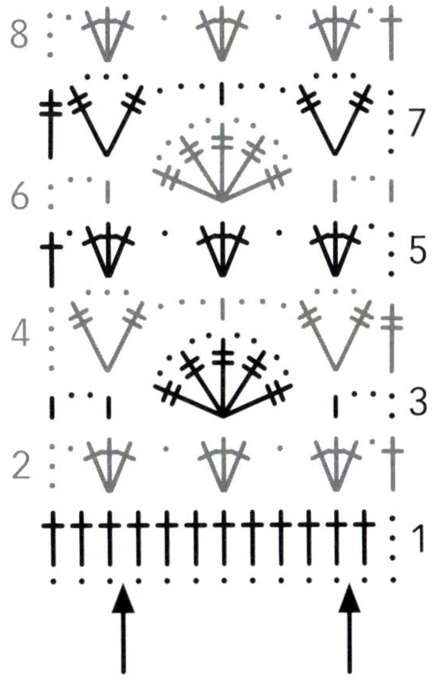

Zeichenerklärung

- · = 1 Luftmasche
- ı = 1 feste Masche
- † = 1 Stäbchen
- ‡ = 1 Doppel-Stäbchen

Laufen die Zeichen unten zusammen, werden die Maschen in dieselbe Einstichstelle gearbeitet.

Zuckerhutmuster

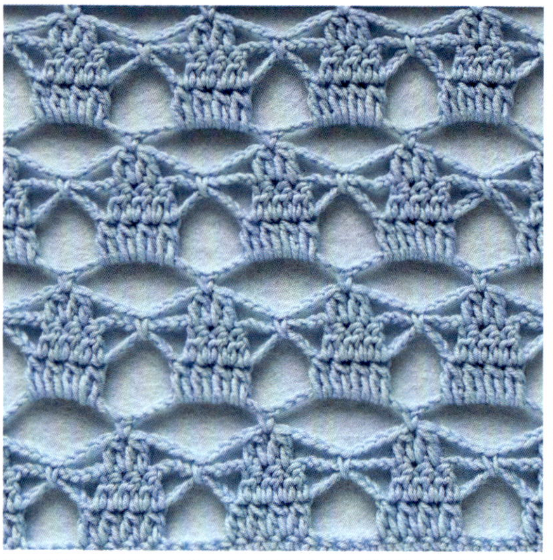

Schwierigkeitsgrad mittel
Kategorie Lochmuster mit zusammen abgemaschten Stäbchen

Maschenzahl in Reihen teilbar durch 9 + 7 M.

Zuckerhutmaschen:
1. Zuckerhut-M: 2 zusammen abgemaschte Stäbchen in die 2 folgenden M; **jede sich anschließende Zuckerhut-M**: 2 zusammen abgemaschte Stäbchen in dieselbe M des letzten Stäbchens und die folgende M.

Um einen Luftm-Bogen herum wird jede Zuckerhut-M einfach wie 2 zusammen abgemaschte Stäbchen gearbeitet.

HÄKELN NACH MUSTERBESCHREIBUNG

1. Reihe (Hinreihe): 4 Luftm, 4 Zuckerhut-M (für die ersten beiden Stäbchen in die 6. und 7. M ab Nadel einstechen), * mit 8 Luftm 4 M überspringen, 4 Zuckerhut-M; ab * stets wiederholen, 1 Luftm, 1 Stäbchen in die 1. Anschlags-Luftm.
2. Reihe (Rückreihe): 5 Luftm, die Luftm der Vor-R überspringen, 3 Zuckerhut-M, * mit 9 Luftm den Luftm-Bogen der Vor-R überspringen, 3 Zuckerhut-M; ab * stets wiederholen, 2 Luftm, 1 Stäbchen in die 3. Anfangs-Luftm der Vor-R.
3. Reihe: 6 Luftm, die Luftm der Vor-R überspringen, * 2 Zuckerhut-M, 4 Luftm, 1 feste M um beide Luftm-Bögen der letzten 2 Vor-R, 4 Luftm; ab * stets wiederholen, 2 Zuckerhut-M, 3 Luftm, 1 Stäbchen in die 3. Anfangs-Luftm der Vor-R.
4. Reihe: 6 Luftm, 1 feste M zwischen die nächsten beiden Zuckerhut-M der Vor-R, * 10 Luftm, 1 feste M zwischen die nächsten beiden Zuckerhut-M der Vor-R; ab * stets wiederholen, 4 Luftm, 1 feste M in die 3. Anfangs-Luftm der Vor-R.
5. Reihe: 3 Luftm, 2 Zuckerhut-M um den 4er-Luftm-Bogen der Vor-R, * 8 Luftm, 4 Zuckerhut-M um den 10er-Luftm-Bogen der Vor-R; ab * stets wiederholen, 8 Luftm, 2 Zuckerhut-M um den 4er-Luftm-Bogen der Vor-R, 1 Stäbchen in die 2. Anfangs-Luftm der Vor-R.
6. Reihe: 3 Luftm, 2 zusammen abgemaschte Stäbchen, mit 9 Luftm den 8-Luftm-Bogen der Vor-R überspringen, * 3 Zuckerhut-M, mit 9 Luftm den 8-Luftm-Bogen der Vor-R überspringen; ab * stets wiederholen, 2 zusammen abgemaschte Stäbchen, 1 Stäbchen in die 3. Anfangs-Luftm der Vor-R.
7. Reihe: 3 Luftm, 1 Stäbchen, * 4 Luftm, 1 feste M um beide Bögen der letzten 2 Vor-R, 4 Luftm, 2 Zuckerhut-M; ab * stets wiederholen, 4 Luftm, 1 feste M um beide Bögen der letzten 2 Vor-R, 4 Luftm, 2 zusammen abgemaschte Stäbchen in die folgende M und die 3. Anfangs-Luftm der Vor-R.
8. Reihe: 1 Luftm, 1 feste M, * 10 Luftm, 1 feste M zwischen die nächsten beiden Zuckerhut-M der Vor-R; ab * stets wiederholen, 10 Luftm, 1 feste M in die 3. Anfangs-Luftm der Vor-R.
9. Reihe: 4 Luftm, * 4 Zuckerhut-M um den 10er-Luftm-Bogen der Vor-R, 8 Luftm; ab * stets wiederholen, 4 Zuckerhut-M um den 10er-Luftm-Bogen der Vor-R, 1 Luftm, 1 Stäbchen in die 1. feste M der Vor-R.

Die 1.–9. Reihe 1x arbeiten, dann die 2.–9. Reihe stets wiederholen.

HÄKELN NACH HÄKELSCHRIFT

In der Häkelschrift sind Hin- und Rückreihen notiert.

In den Hinreihen mit den M vor dem rechten Pfeil beginnen, den Rapport zwischen den Pfeilen stets wiederholen und mit den M nach dem linken Pfeil enden.

In den Rückreihen die M entsprechend von links nach rechts lesen.

Die 1.–9. Reihe 1x arbeiten, dann die 2.–9. Reihe stets wiederholen.

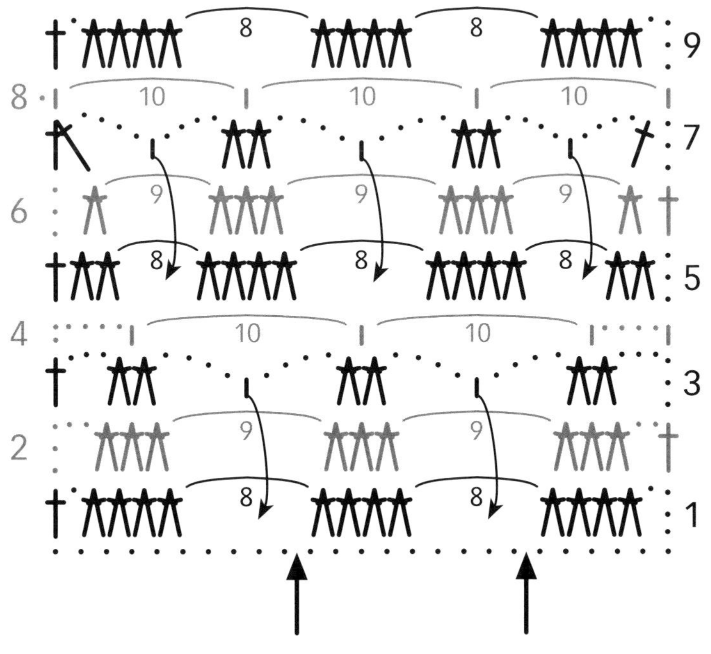

Zeichenerklärung

· = 1 Luftmasche

ı = 1 feste Masche

= 1 feste Masche um die beiden Luftmaschenbögen der letzten 2 Vorreihen

† = 1 Stäbchen

= 1 Zuckerhutmasche (Beschreibung s. o.)

= 1 Luftmaschenbogen aus 8 Luftmaschen

= 1 Luftmaschenbogen aus 9 Luftmaschen

= 1 Luftmaschenbogen aus 10 Luftmaschen

HipHop-Muster

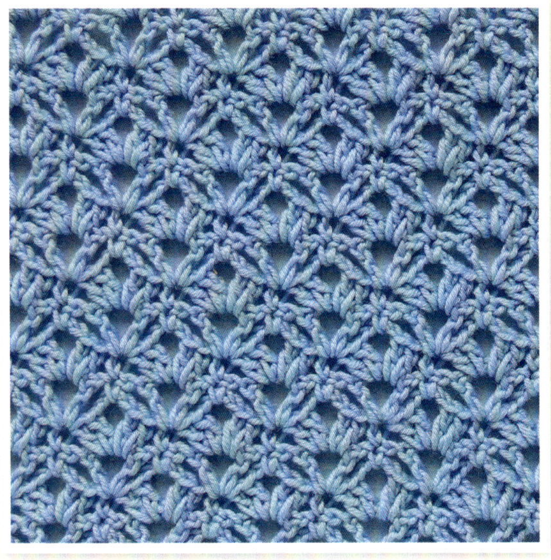

Schwierigkeitsgrad einfach
Kategorie Lochmuster mit Stäbchen

Maschenzahl in Reihen teilbar durch 6 + 1 M.

HÄKELN NACH MUSTERBESCHREIBUNG

1. Reihe (Hinreihe): 2 Luftm, (2 Stäbchen, 4 Luftm, 2 Stäbchen) in die 6. M ab Nadel, * 2 M überspringen, 1 feste M, 2 M überspringen, (2 Stäbchen, 4 Luftm, 2 Stäbchen) in die nächste M; ab * stets wiederholen, 2 M überspringen, 1 feste M in die erste Anschlags-Luftm.
2. Reihe (Rückreihe): 4 Luftm, 1 Stäbchen in die letzte feste M der Vor-R, 1 Luftm, 1 feste M um den 4-Luftm-Bogen der Vor-R, * 1 Luftm, (1 Stäbchen, 3 Luftm, 1 Stäbchen) in die feste M der Vor-R, 1 Luftm, 1 feste M um den 4-Luftm-Bogen der Vor-R; ab * stets wiederholen, 1 Luftm, (1 Stäbchen, 1 Luftm, 1 Stäbchen) in die 2. Anfangs-Luftm der Vor-R.
3. Reihe: 5 Luftm, 2 Stäbchen um die Luftm zwischen den letzten beiden Stäbchen der Vor-R, * 1 feste M in die feste M der Vor-R, (2 Stäbchen, 4 Luftm, 2 Stäbchen) um den 3-Luftm-Bogen der Vor-R; ab * stets wiederholen, 1 feste M in die feste M der Vor-R, 2 Stäbchen in die 4. Anfangs-Luftm der Vor-R, 2 Luftm, 1 Stäbchen in die 3. Anfangs-Luftm der Vor-R.
4. Reihe: 1 Luftm, 1 feste M um den 2-Luftm-Bogen der Vor-R, 1 Luftm, (1 Stäbchen, 3 Luftm, 1 Stäbchen) in die feste M der Vor-R, * 1 Luftm, 1 feste M um den 4-Luftm-Bogen der Vor-R, 1 Luftm, (1 Stäbchen, 3 Luftm, 1 Stäbchen) in die feste M der Vor-R; ab * stets wiederholen, 1 Luftm, 1 feste M in die 3. Anfangs-Luftm der Vor-R.
5. Reihe: 2 Luftm, * (2 Stäbchen, 4 Luftm, 2 Stäbchen) um den 3-Luftm-Bogen der Vor-R, 1 feste M in die feste M der Vor-R; ab * stets wiederholen, (2 Stäbchen, 4 Luftm, 2 Stäbchen) um den 3-Luftm-Bogen der Vor-R, 1 feste M in die Anfangs-Luftm der Vor-R.

Die 1.–5. Reihe 1x arbeiten, dann die 2.–5. Reihe stets wiederholen.

HÄKELN NACH HÄKELSCHRIFT

In der Häkelschrift sind Hin- und Rückreihen notiert.

In den Hinreihen mit den M vor dem rechten Pfeil beginnen, den Rapport zwischen den Pfeilen stets wiederholen und mit den M nach dem linken Pfeil enden.
In den Rückreihen die M entsprechend von links nach rechts lesen.

Die 1.–5. Reihe 1x arbeiten, dann die 2.–5. Reihe stets wiederholen.

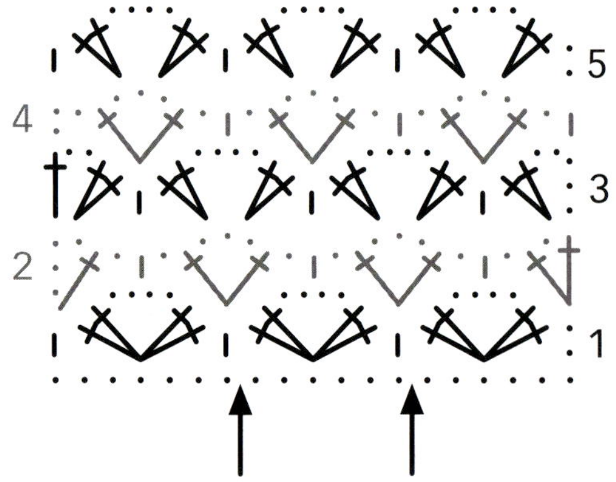

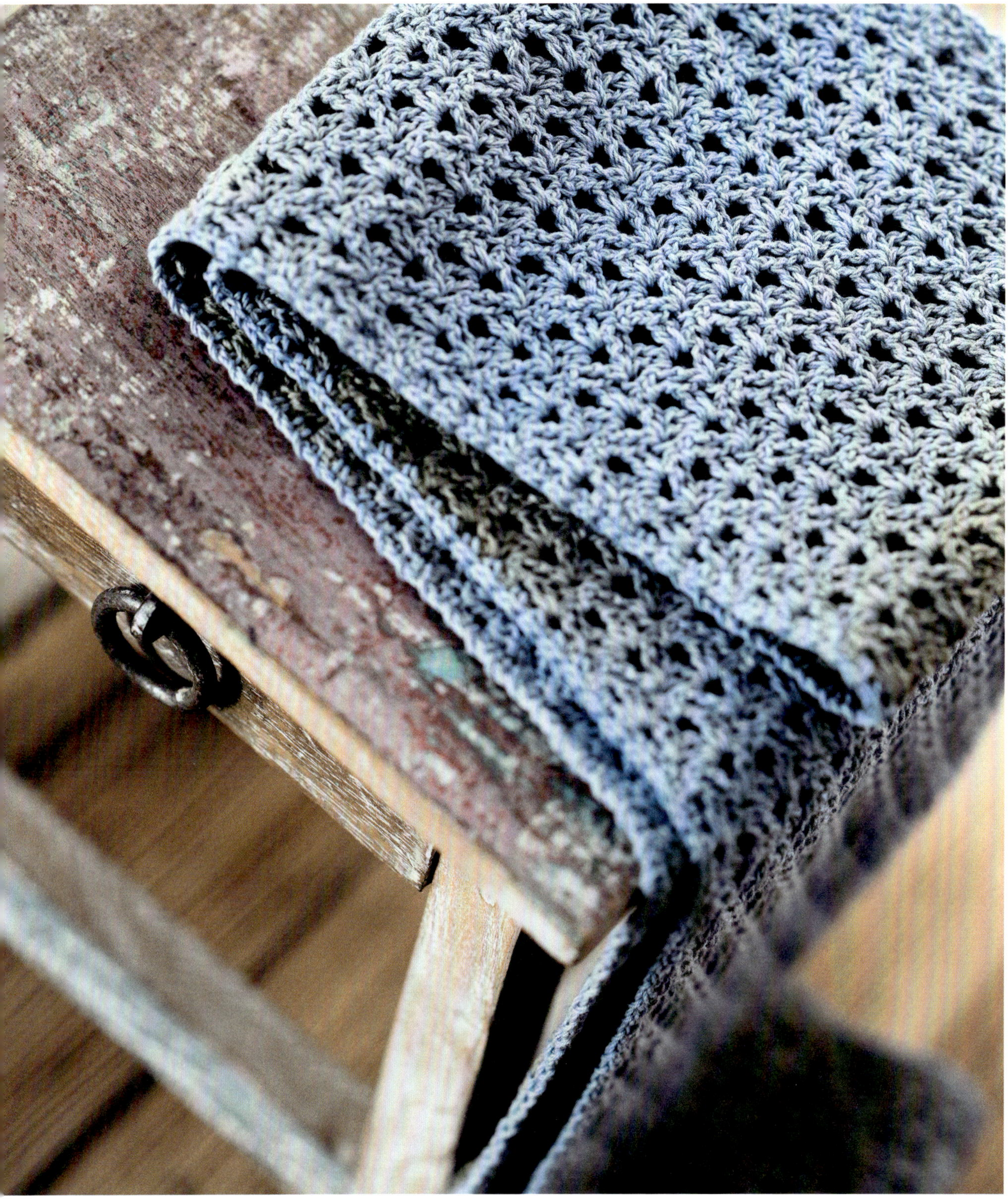

Zeichenerklärung

· = 1 Luftmasche

ı = 1 feste Masche

† = 1 Stäbchen

Laufen die Zeichen unten zusammen, werden die Maschen in dieselbe Einstichstelle gearbeitet.

Lunamuster

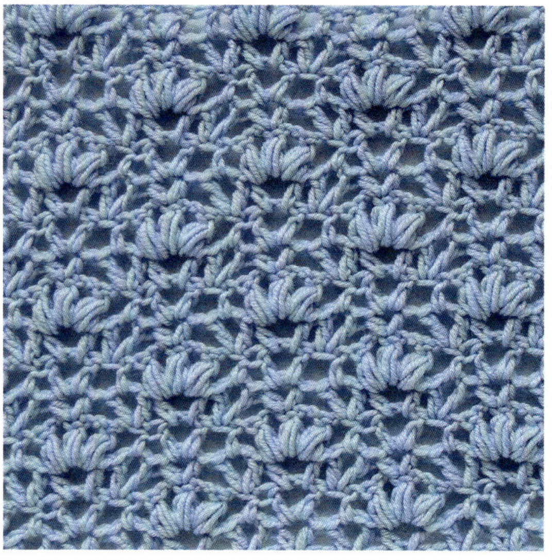

Schwierigkeitsgrad mittel
Kategorie Lochmuster mit halben Stäbchen, Stäbchen und Büschelmaschen

Maschenzahl in Reihen teilbar durch 12 + 5 M.

Büschelmasche:
* 1 Umschlag auf die Nadel legen, einstechen, 1 Schlinge durchholen und etwas langziehen; ab * noch 2x in dieselbe Einstichstelle wiederholen, 1 Umschlag auf die Nadel legen und die ersten 4 auf der Nadel liegenden Schlingen zusammen abmaschen, 1 Umschlag auf die Nadel legen und die letzten 2 auf der Nadel liegenden Schlingen zusammen abmaschen.

HÄKELN NACH MUSTERBESCHREIBUNG

1. Reihe (Hinreihe): 2 Luftm, 4 M ab Nadel überspringen, * (1 hStäbchen, 3 Luftm, 1 hStäbchen) in die nächste M, 2 M überspringen, (1 Stäbchen, 2 Luftm, 1 Stäbchen) in die nächste M, 2 M überspringen, (1 hStäbchen, 2 Luftm, 1 hStäbchen) in die nächste M, 2 M überspringen, (1 Stäbchen, 2 Luftm, 1 Stäbchen) in die nächste M, 2 M überspringen; ab * stets wiederholen, (1 hStäbchen, 3 Luftm, 1 hStäbchen) in die nächste M, 1 M überspringen, 1 hStäbchen in die erste Anschlags-Luftm.
2. Reihe (Rückreihe): 3 Luftm, (1 Büschel-M, [2 Luftm, 1 Büschel-M] 2x) um den nächsten 3er-Luftm-Bogen der Vor-R, * 1 Luftm, 1 hStäbchen um den nächsten 2er-Luftm-Bogen der Vor-R, (1 Stäbchen, 2 Luftm, 1 Stäbchen) um den nächsten 2er-Luftm-Bogen der Vor, 1 hStäbchen um den nächsten 2er-Luftm-Bogen der Vor-R, 1 Luftm, (1 Büschel-M, [2 Luftm, 1 Büschel-M] 2x) um den nächsten 3er-Luftm-Bogen der Vor-R; ab * stets wiederholen, 1 Stäbchen in die 2. Anfangs-Luftm der Vor-R.
3. Reihe: 2 Luftm, * (1 hStäbchen, 2 Luftm, 1 hStäbchen) in die mittlere der nächsten 3 Büschel-M der Vor-R, (1 Stäbchen, 2 Luftm, 1 Stäbchen) in das nächste hStäbchen der Vor-R, (1 hStäbchen, 3 Luftm, 1 hStäbchen) um den nächsten 2er-Luftm-Bogen der Vor-R, (1 Stäbchen, 2 Luftm, 1 Stäbchen) in das nächste hStäbchen der Vor-R; ab * stets wiederholen, (1 hStäbchen, 2 Luftm, 1 hStäbchen) in die mittlere der nächsten 3 Büschel-M der Vor-R, 1 hStäbchen in die 3. Anfangs-Luftm der Vor-R.
4. Reihe: 3 Luftm, (1 Stäbchen, 2 Luftm, 1 Stäbchen) um den nächsten 2er-Luftm-Bogen der Vor-R, * 1 hStäbchen um den nächsten 2er-Luftm-Bogen der Vor-R, 1 Luftm, (1 Büschel-M, [2 Luftm, 1 Büschel-M] 2x) um den nächsten 3er-Luftm-Bogen der Vor-R, 1 Luftm, 1 hStäbchen um den nächsten 2er-Luftm-Bogen der Vor-R, (1 Stäbchen, 2 Luftm, 1 Stäbchen) um den nächsten 2er-Luftm-Bogen der Vor-R; ab * stets wiederholen, 1 Stäbchen in die 2. Anfangs-Luftm der Vor-R.

5. Reihe: 2 Luftm, * (1 hStäbchen, 3 Luftm, 1 hStäbchen) um den nächsten 2er-Luftm-Bogen der Vor-R, (1 Stäbchen, 2 Luftm, 1 Stäbchen) in das nächste hStäbchen der Vor-R, (1 hStäbchen, 2 Luftm, 1 hStäbchen) in die mittlere der nächsten 3 Büschel-M der Vor-R, (1 Stäbchen, 2 Luftm, 1 Stäbchen) in das nächste hStäbchen der Vor-R; ab * stets wiederholen, (1 hStäbchen, 3 Luftm, 1 hStäbchen) um den nächsten 2er-Luftm-Bogen zwischen den Stäbchen der Vor-R, 1 hStäbchen in die 3. Anfangs-Luftm der Vor-R.

Die 1.- 5. Reihe 1x arbeiten, dann die 2.–5. Reihe stets wiederholen.

HÄKELN NACH HÄKELSCHRIFT

In der Häkelschrift sind Hin- und Rückreihen notiert.

In den Hinreihen mit den M vor dem rechten Pfeil beginnen, den Rapport zwischen den Pfeilen stets wiederholen und mit den M nach dem linken Pfeil enden.
In den Rückreihen die M entsprechend von links nach rechts lesen.

Die 1.–5. Reihe 1x arbeiten, dann die 2.–5. Reihe stets wiederholen.

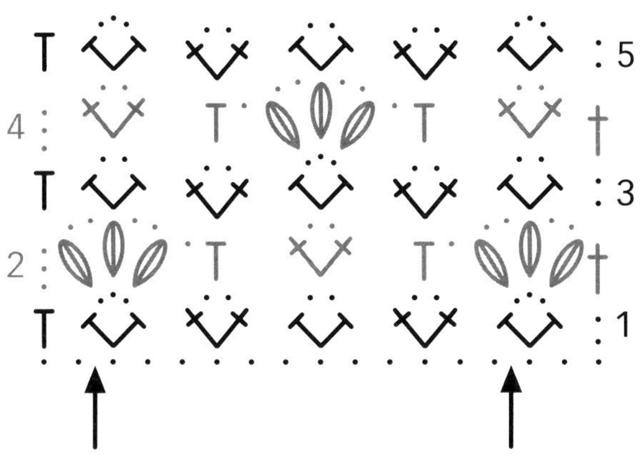

Zeichenerklärung

· = 1 Luftmasche
T = 1 halbes Stäbchen
† = 1 Stäbchen
= 1 Büschelmasche (s. o.)

Silberdistelmuster

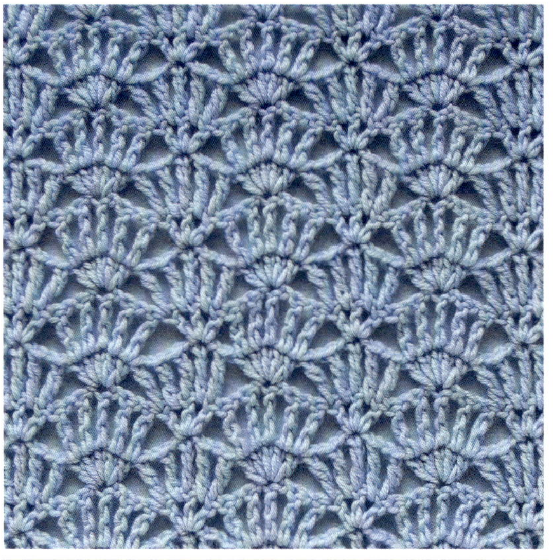

Schwierigkeitsgrad mittel
Kategorie Lochmuster mit Stäbchen und Doppelstäbchen

Maschenzahl in Reihen teilbar durch 10 + 1 M.

HÄKELN NACH MUSTERBESCHREIBUNG

1. Reihe (Hinreihe): 3 Luftm, 2 Stäbchen in die 4. M ab Nadel, 3 M überspringen, (1 Doppel-Stäbchen, 1 Luftm, 1 Doppel-Stäbchen) in die nächste M, 1 Luftm, 1 Doppel-Stäbchen, 1 Luftm, (1 Doppel-Stäbchen, 1 Luftm, 1 Doppel-Stäbchen) in die nächste M, 3 M überspringen, * 5 Stäbchen in die nächste M, 3 M überspringen, (1 Doppel-Stäbchen, 1 Luftm, 1 Doppel-Stäbchen) in die nächste M, 1 Luftm, 1 Doppel-Stäbchen in die nächste M, 1 Luftm, (1 Doppel-Stäbchen, 1 Luftm, 1 Doppel-Stäbchen) in die nächste M, 3 M überspringen; ab * stets wiederholen, 3 Stäbchen in die 1. Anschlags-Luftm.

2. Reihe (Rückreihe): 4 Luftm, [1 Luftm, 1 Doppel-Stäbchen] 2x, * (1 Stäbchen, 1 Luftm, 1 Stäbchen, 1 Luftm, 1 Stäbchen) in das mittlere Doppel-Stäbchen der Vor-R, 1 Doppel-Stäbchen in das 1. Stäbchen der nächsten 5er-Stäbchen-Gruppe der Vor-R, [1 Luftm, 1 Doppel-Stäbchen] 4x; ab * stets wiederholen, (1 Stäbchen, 1 Luftm, 1 Stäbchen, 1 Luftm, 1 Stäbchen) in das mittlere Doppel-Stäbchen der Vor-R, 1 Doppel-Stäbchen in das 1. Stäbchen der nächsten 2er-Stäbchen-Gruppe der Vor-R, 1 Luftm, 1 Doppel-Stäbchen, 1 Luftm 1 Doppel-Stäbchen in die 3. Anfangs-Luftm der Vor-R.

3. Reihe: 3 Luftm, 2 Stäbchen in das letzte Doppel-Stäbchen der Vor-R, 1 Doppel-Stäbchen in das 1. Stäbchen der nächsten Stäbchen-Gruppe der Vor-R, [1 Luftm, 1 Doppel-Stäbchen um die Luftm der Vor-R, 1 Luftm, 1 Doppel-Stäbchen in das Stäbchen der Vor-R] 2x, * 5 Stäbchen in das mittlere Doppel-Stäbchen der Doppel-Stäbchen-Gruppe der Vor-R, 1 Doppel-Stäbchen in das 1. Stäbchen der nächsten Stäbchen-Gruppe der Vor-R, [1 Luftm, 1 Doppel-Stäbchen um die Luftm der Vor-R, 1 Luftm, 1 Doppel-Stäbchen in das Stäbchen der Vor-R] 2x; ab * stets wiederholen, 3 Stäbchen in die 4. Anfangs-Luftm der Vor-R.

Die 1.–3. Reihe 1x arbeiten, dann die 2.–3. Reihe stets wiederholen.

HÄKELN NACH HÄKELSCHRIFT

In der Häkelschrift sind Hin- und Rückreihen notiert.

In den Hinreihen mit den M vor dem rechten Pfeil beginnen, den Rapport zwischen den Pfeilen stets wiederholen und mit den M nach dem linken Pfeil enden.
In den Rückreihen die M entsprechend von links nach rechts lesen.

Die 1.–3. Reihe 1x arbeiten, dann die 2.–3. Reihe stets wiederholen.

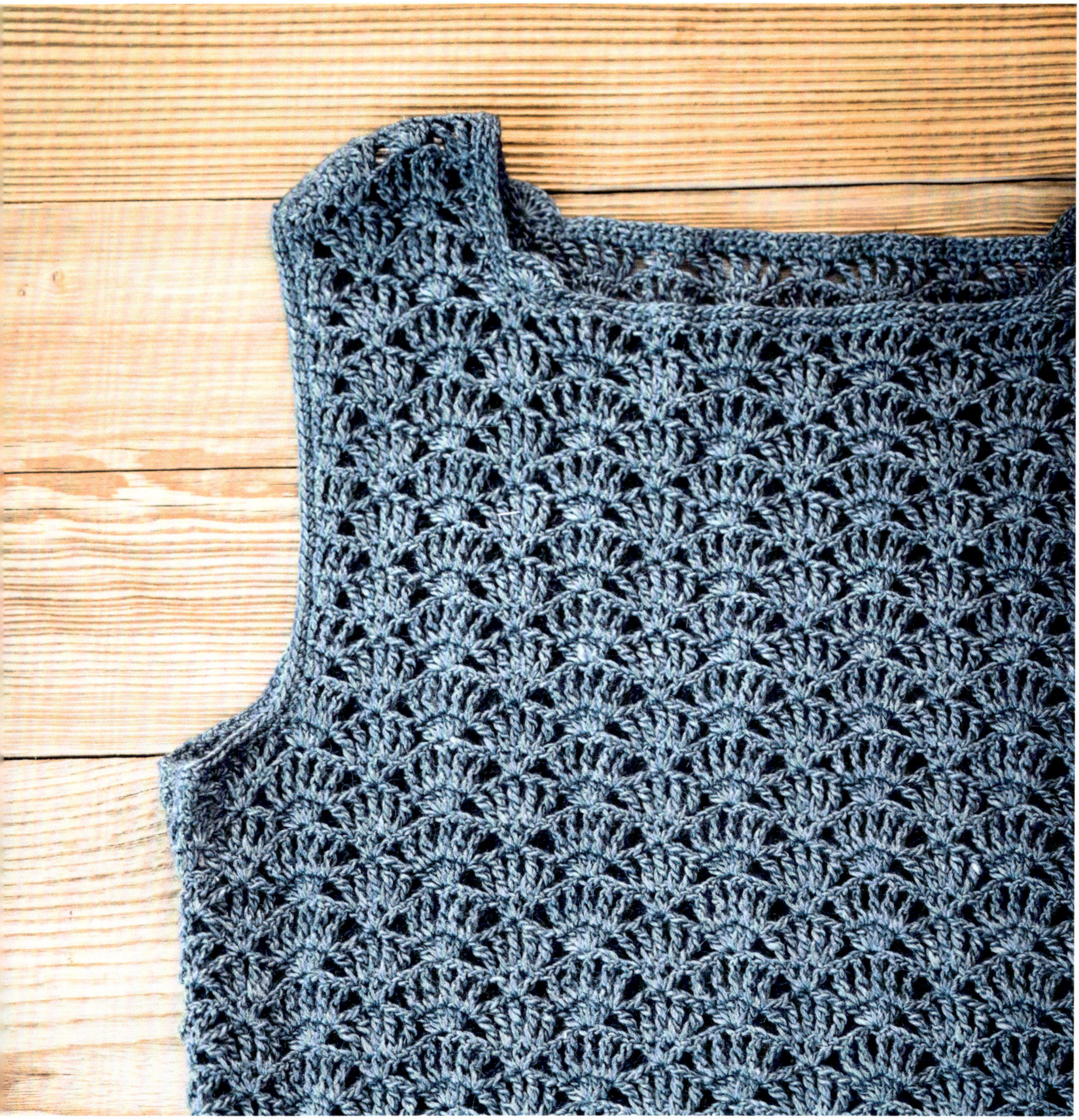

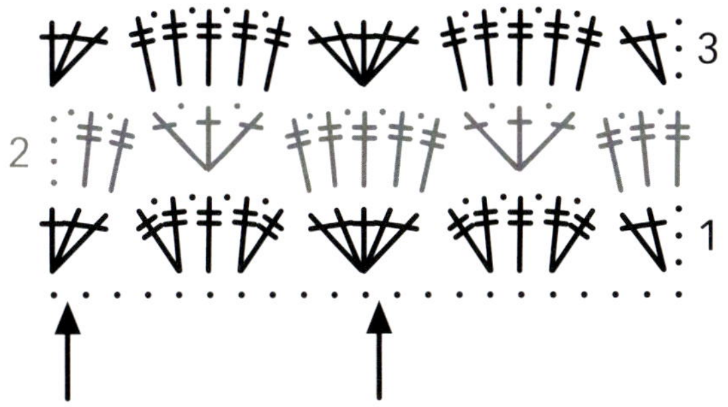

Zeichenerklärung

· = 1 Luftmasche

† = 1 Stäbchen

ǂ = 1 Doppel-Stäbchen

Laufen die Zeichen unten zusammen, werden die Maschen in dieselbe Einstichstelle gearbeitet.

Fächertanzmuster

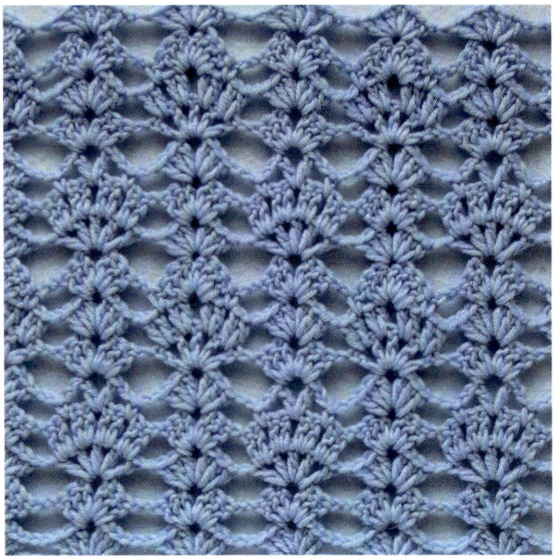

Schwierigkeitsgrad mittel
Kategorie Lochmuster mit Stäbchen

Maschenzahl in Reihen teilbar durch 12 + 1 M.

HÄKELN NACH MUSTERBESCHREIBUNG

1. Reihe (Hinreihe): 5 Luftm, 3 Stäbchen in die 6. M ab Nadel, mit 2 Luftm 5 M überspringen, * (3 Stäbchen, 2 Luftm, 3 Stäbchen) in die nächste M, mit 2 Luftm 5 M überspringen; ab * stets wiederholen, (3 Stäbchen, 2 Luftm, 1 Stäbchen) in die 1. Anschlags-Luftm.
2. Reihe (Rückreihe): 5 Luftm, 3 Stäbchen um den nächsten 2er-Luftm-Bogen der Vor-R, 2 Luftm, * (3 Stäbchen, 2 Luftm, 3 Stäbchen) um den übernächsten 2er-Luftm-Bogen der Vor-R, 2 Luftm; ab * stets wiederholen, 3 Stäbchen um die 5. und 4. Anfangs-Luftm der Vor-R, 2 Luftm, 1 Stäbchen in die 3. Anfangs-Luftm der Vor-R.
3. Reihe: 5 Luftm, 3 Stäbchen um den nächsten 2er-Luftm-Bogen der Vor-R, 1 Luftm, * (1 Stäbchen, [1 Luftm, 1 Stäbchen] 4x) um den übernächsten 2er-Luftm-Bogen der Vor-R, 1 Luftm, (3 Stäbchen, 2 Luftm, 3 Stäbchen) um den übernächste 2er-Luftm-Bogen der Vor-R, 1 Luftm; ab * stets wiederholen, (1 Stäbchen, [1 Luftm, 1 Stäbchen] 4x) um den übernächsten 2er-Luftm-Bogen der Vor-R, 1 Luftm, 3 Stäbchen um die 5. und 4. Anfangs-Luftm der Vor-R, 2 Luftm, 1 Stäbchen in die 3. Anfangs-Luftm der Vor-R.
4. Reihe: 5 Luftm, 3 Stäbchen um den nächsten 2er-Luftm-Bogen der Vor-R, 1 Luftm, [2 Stäbchen um die Luftm zwischen den Stäbchen der Vor-R, 1 Luftm] 4x, * (3 Stäbchen, 2 Luftm, 3 Stäbchen) um den nächsten 2er-Luftm-Bogen der Vor-R, 1 Luftm, [2 Stäbchen um die Luftm zwischen den Stäbchen der Vor-R, 1 Luftm] 4x; ab * stets wiederholen, 3 Stäbchen um die 5. und 4. Anfangs-Luftm der Vor-R, 2 Luftm, 1 Stäbchen in die 3. Anfangs-Luftm der Vor-R.
5. Reihe: 5 Luftm, 3 Stäbchen um den nächsten 2er-Luftm-Bogen der Vor-R, 2 Luftm, * 1 feste M um die Luftm zwischen den nächsten beiden 2er-Stäbchen-Gruppen der Vor-R, 2 Luftm, (1 Stäbchen, 3 Luftm, 1 Stäbchen) um die nächste Luftm der Vor-R, 2 Luftm, 1 feste M um die nächste Luftm der Vor-R, 2 Luftm, (3 Stäbchen, 2 Luftm, 3 Stäbchen) um den nächsten 2er-Luftm-Bogen der Vor-R, 2 Luftm; ab * stets wiederholen, 1 feste M um die Luftm zwischen den nächsten beiden 2er-Stäbchen-Gruppen der Vor-R, 2 Luftm, (1 Stäbchen, 3 Luftm, 1 Stäbchen) um die nächste Luftm der Vor-R, 2 Luftm, 1 feste M um die nächste Luftm der Vor-R, 2 Luftm, 3 Stäbchen um die 5. und 4. Anfangs-Luftm der Vor-R, 2 Luftm, 1 Stäbchen in die 3. Anfangs-Luftm der Vor-R.
6. Reihe: 4 Luftm, (1 Stäbchen, 1 Luftm, 1 Stäbchen) in das letzte Stäbchen der Vor-R, 1 Luftm, (3 Stäbchen, 2 Luftm, 3 Stäbchen) um den 3er-Luftm-Bogen der Vor-R, * 1 Luftm, (1 Stäbchen, [1 Luftm, 1 Stäbchen] 4x) um den nächsten 2er-Luftm-Bogen der Vor-R, 1 Luftm, (3 Stäbchen, 2 Luftm, 3 Stäbchen) um den 3er-Luftm-Bogen der Vor-R; ab * stets wiederholen, 1 Luftm, (1 Stäbchen, [1 Luftm, 1 Stäbchen] 2x) in die 3. Anfangs-Luftm der Vor-R.
7. Reihe: 5 Luftm, 2 Stäbchen um die nächste Luftm der Vor-R, 1 Luftm, 2 Stäbchen um die nächste Luftm der Vor-R, 1 Luftm, * (3 Stäbchen, 2 Luftm, 3 Stäbchen) um den nächsten 2er-Luftm-Bogen der Vor-R, 1 Luftm, 2 Stäbchen um die übernächste Luftm der Vor-R, 1 Luftm, 2 Stäbchen um die nächste Luftm der Vor-R, 2 Luftm, [2 Stäbchen um die nächste Luftm der Vor-R, 1 Luftm] 2x; ab * stets wiederholen, (3 Stäbchen, 2 Luftm, 3 Stäbchen) um den nächsten 2er-Luftm-Bogen der Vor-R, 1 Luftm, 2 Stäbchen um die übernächste

Luftm der Vor-R, 1 Luftm, 2 Stäbchen um die nächste Luftm der Vor-R, 2 Luftm, 1 Stäbchen in die 3. Anfangs-Luftm der Vor-R.
8. Reihe: 3 Luftm, 4 Stäbchen um den nächsten 2er-Luftm-Bogen der Vor-R, 1 feste M um die Luftm zwischen den nächsten 2er-Stäbchen-Gruppen der Vor-R, 2 Luftm, (3 Stäbchen, 2 Luftm, 3 Stäbchen) um den nächsten 2er-Luftm-Bogen der Vor-R, * 2 Luftm, 1 feste M um die Luftm zwischen den nächsten 2er-Stäbchen-Gruppen der Vor-R, 7 Stäbchen um den nächsten 2er-Luftm-Bogen der Vor-R, 1 feste M um die nächste Luftm zwischen den 2er-Stäbchen-Gruppen der Vor-R, 2 Luftm, (3 Stäbchen, 2 Luftm, 3 Stäbchen) um den nächsten 2er-Luftm-Bogen der Vor-R; ab * stets wiederholen, 2 Luftm, 1 feste M um die Luftm zwischen den nächsten 2er-Stäbchen-Gruppen der Vor-R, 4 Stäbchen um die 5. und 4. Anfangs-Luftm der Vor-R, 1 Stäbchen in die 3. Anfangs-Luftm der Vor-R.
9. Reihe: 5 Luftm, 3 Stäbchen in das vorletzte Stäbchen der Vor-R, 1 Luftm, * (1 Stäbchen, [1 Luftm, 1 Stäbchen] 4x) um den übernächsten 2er-Luftm-Bogen der Vor-R, 1 Luftm, (3 Stäbchen, 2 Luftm, 3 Stäbchen) in das mittlere Stäbchen der 7er-Stäbchen-Gruppe der Vor-R, 1 Luftm; ab * stets wiederholen, (1 Stäbchen, [1 Luftm, 1 Stäbchen] 4x) um den übernächsten 2er-Luftm-Bogen der Vor-R, 1 Luftm, 3 Stäbchen in das 1. Stäbchen der Vor-R, 2 Luftm, 1 Stäbchen in die 3. Anfangs-Luftm der Vor-R.

Die 1.–9. Reihe 1x arbeiten, dann die 4.–9. Reihe stets wiederholen.

HÄKELN NACH HÄKELSCHRIFT

In der Häkelschrift sind Hin- und Rückreihen notiert.

In den Hinreihen mit den M vor dem rechten Pfeil beginnen, den Rapport zwischen den Pfeilen stets wiederholen und mit den M nach dem linken Pfeil enden.
In den Rückreihen die M entsprechend von links nach rechts lesen.

Die 1.–9. Reihe 1x arbeiten, dann die 4.–9. Reihe stets wiederholen.

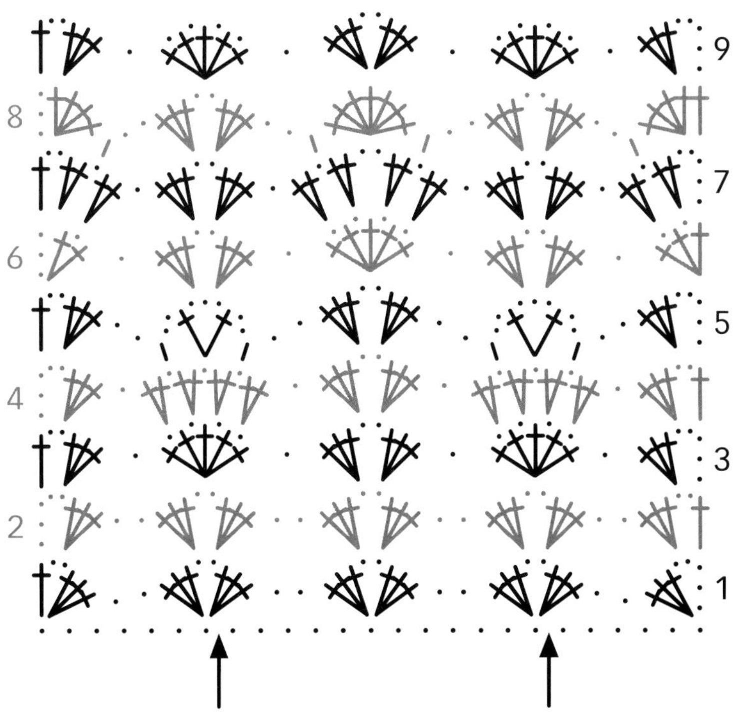

Zeichenerklärung

- · = 1 Luftmasche
- ı = 1 feste Masche
- † = 1 Stäbchen

Laufen die Zeichen unten zusammen, werden die Maschen in dieselbe Einstichstelle gearbeitet. Die Maschen über einem Luftmaschen-Bogen um die Luftmaschen herum arbeiten.

Sonnenaufgangmuster

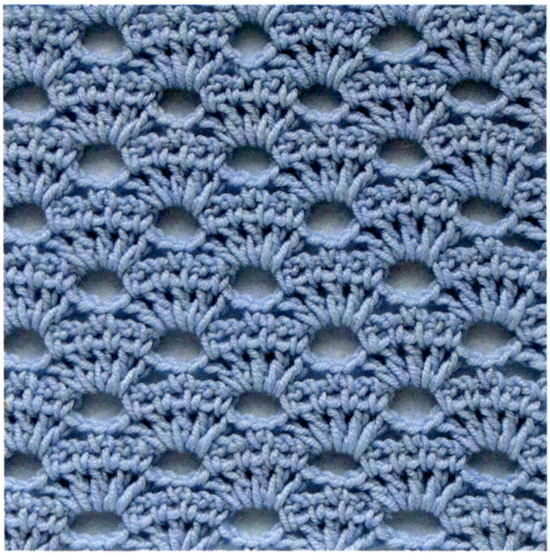

Schwierigkeitsgrad einfach
Kategorie Lochmuster mit festen Maschen und Stäbchen

Maschenzahl in Reihen teilbar durch 8 + 1 M.

HÄKELN NACH MUSTERBESCHREIBUNG

1. Reihe (Hinreihe): 1 Luftm, 1 feste M in die 2. Luftm ab Nadel, * mit 1 Luftm 3 M überspringen, (1 Stäbchen, [1 Luftm, 1 Stäbchen] 4x) in die nächste Anschlags-Luftm, mit 1 Luftm 3 M überspringen, 1 feste M in die nächste Anschlags-Luftm; ab * stets wiederholen.
2. Reihe (Rückreihe): 5 Luftm, * 1 feste M um die Luftm zwischen den nächsten 2 Stäbchen der Vor-R, [2 Luftm, 1 feste M um die Luftm zwischen 2 Stäbchen der Vor-R] 3x, 3 Luftm; ab * stets wiederholen, 1 feste M um die Luftm zwischen den nächsten 2 Stäbchen der Vor-R, [2 Luftm, 1 feste M um die Luftm zwischen 2 Stäbchen der Vor-R] 3x, 2 Luftm, 1 Stäbchen in die erste feste M der Vor-R.
3. Reihe: 4 Luftm, (1 Stäbchen, 1 Luftm, 1 Stäbchen) in das letzte Stäbchen der Vor-R, 1 Luftm, * 1 feste M um den mittleren der 2-Luftm-Bögen der Vor-R, 1 Luftm, (1 Stäbchen, [1 Luftm, 1 Stäbchen] 4x) um den nächsten 3-Luftm-Bogen der Vor-R, 1 Luftm; ab * stets wiederholen, 1 feste M um den mittleren der 2-Luftm-Bögen der Vor-R, 1 Luftm, (1 Stäbchen, [1 Luftm, 1 Stäbchen] 2x) in die 3. Anfangs-Luftm der Vor-R.
4. Reihe: [2 Luftm, 1 feste M um die nächste Luftm zwischen den Stäbchen der Vor-R] 2x; * 3 Luftm, 1 feste M um die Luftm zwischen den nächsten 2 Stäbchen der Vor-R, [2 Luftm, 1 feste M um die Luftm zwischen 2 Stäbchen der Vor-R] 3x; ab * stets wiederholen, 3 Luftm, 1 feste M um die Luftm zwischen den nächsten 2 Stäbchen der Vor-R, 2 Luftm, 1 feste M in die 4. Anfangs-Luftm der Vor-R, 1 feste M in die 3. Anfangs-Luftm der Vor-R.
5. Reihe: 1 Luftm, 1 feste M in die letzte feste M der Vor-R, * 1 Luftm, (1 Stäbchen, [1 Luftm, 1 Stäbchen] 4x) um den nächsten 3-Luftm-Bogen der Vor-R, 1 Luftm, 1 feste M um den mittleren der 2-Luftm-Bögen der Vor-R; ab * stets wiederholen, bei der letzten Wiederholung mit 1 feste M in die 2. Anfangs-Luftm der Vor-R enden.

Die 1.–5. Reihe 1x arbeiten, dann die 2.–5. Reihe stets wiederholen.

HÄKELN NACH HÄKELSCHRIFT

In der Häkelschrift sind Hin- und Rückreihen notiert. Maschen, die über einem Luftmaschen-Bogen gezeichnet sind, werden um die Luftmaschen herum gearbeitet.

In den Hinreihen mit den M vor dem rechten Pfeil beginnen, den Rapport zwischen den Pfeilen stets wiederholen und mit den M nach dem linken Pfeil enden.
In den Rückreihen die M entsprechend von links nach rechts lesen.

Die 1.–5. Reihe 1x arbeiten, dann die 2.–5. Reihe stets wiederholen.

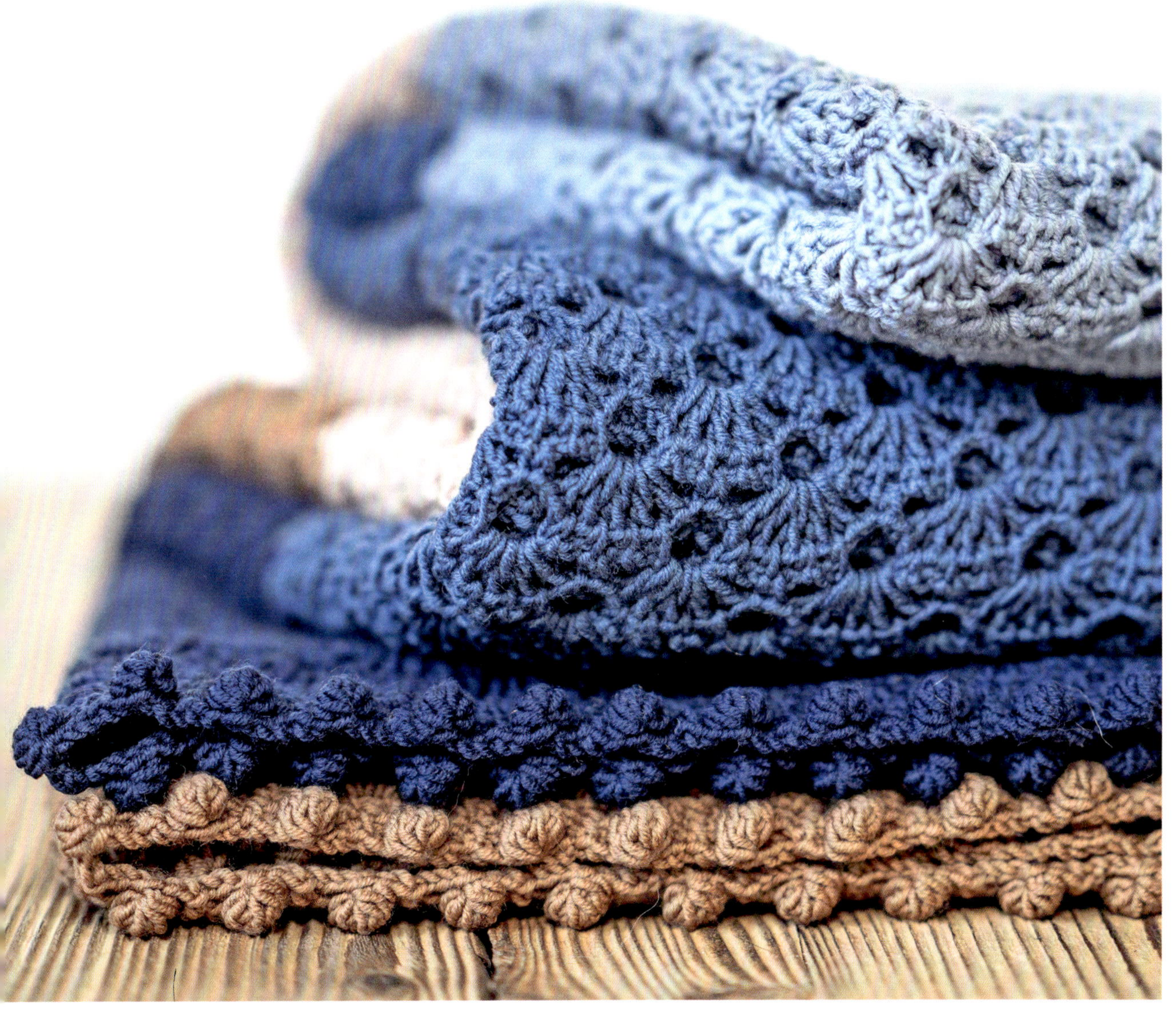

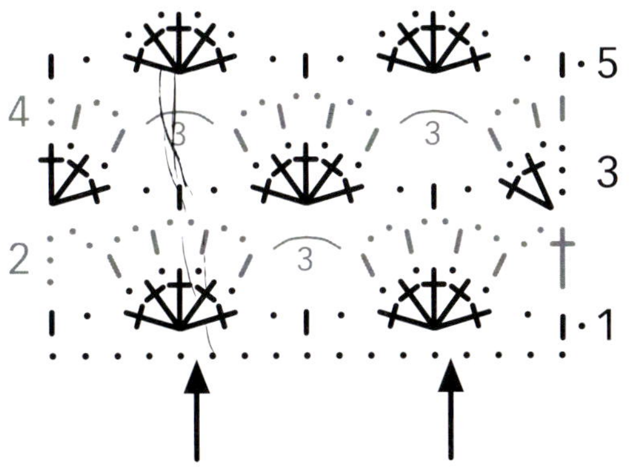

Zeichenerklärung

· = 1 Luftmasche

ı = 1 feste Masche

† = 1 Stäbchen

⌒3 = 1 Luftmaschenbogen aus 3 Luftmaschen

Laufen die Zeichen unten zusammen, werden die Maschen in dieselbe Einstichstelle gearbeitet. Die Maschen über einem Luftmaschen-Bogen um die Luftmaschen herum arbeiten.

Regenbogenmuster

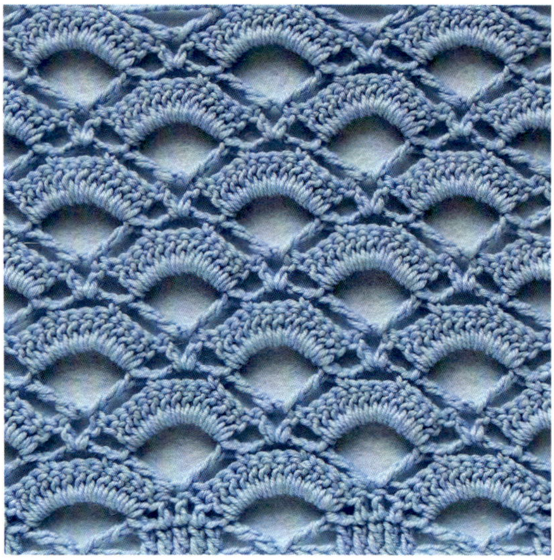

Schwierigkeitsgrad mittel
Kategorie Lochmuster mit Stäbchen und Doppelstäbchen

Maschenzahl in Reihen teilbar durch 12 + 5 M.

HÄKELN NACH MUSTERBESCHREIBUNG

ACHTUNG: dieses Muster beginnt mit einer Rückreihe!

1. Reihe (Rückreihe): 3 Luftm, 1 Stäbchen in die 5. M ab Nadel, * 3 Stäbchen, 3 M überspringen, 1 Doppel-Stäbchen, 9 Luftm, 1 Doppel-Stäbchen in die gleiche Einstichstelle wie das 1. Doppel-Stäbchen, 3 M überspringen, 2 Stäbchen; ab * stets wiederholen, 3 Stäbchen.
2. Reihe (Hinreihe): 3 Luftm, 2 Stäbchen, * 2 zusammen abgemaschte Stäbchen (das 1. Stäbchen in das nächste Stäbchen der Vor-R, das 2 .Stäbchen um den nächsten 9er-Luftm-Bogen der Vor-R arbeiten), 11 Stäbchen um denselben Luftm-Bogen der Vor-R, 2 zusammen abgemaschte Stäbchen (das 1. Stäbchen um denselben Luftm-Bogen der Vor-R, das 2. Stäbchen in das übernächste Stäbchen der Vor-R arbeiten), 1 Stäbchen; ab * stets wiederholen, 1 Stäbchen, 1 Stäbchen in die 3. Anfangs-Luftm der Vor-R.
3. Reihe: 3 Luftm, (1 Stäbchen, 6 Luftm, 1 Doppel-Stäbchen) in das vorletzte Stäbchen der Vor-R, * 1 feste M in das 4. Stäbchen der 11er-Stäbchen-Gruppe der Vor-R, mit 5 Luftm 3 Stäbchen der Vor-R überspringen, 1 feste M in das nächste Stäbchen der Vor-R, (1 Doppel-Stäbchen, 9 Luftm, 1 Doppel-Stäbchen) in das Stäbchen zwischen den beiden zusammen abgemaschten Stäbchen der Vor-R arbeiten; ab * stets wiederholen, 1 feste M in das 4. Stäbchen der 11er-Stäbchen-Gruppe der Vor-R, mit 5 Luftm 3 Stäbchen der Vor-R überspringen, 1 feste M in das nächste Stäbchen der Vor-R, (1 Doppel-Stäbchen, 6 Luftm, 1 Stäbchen) in das 1. Stäbchen der Vor-R, 1 Stäbchen in die 3. Anfangs-Luftm der Vor-R.
4. Reihe: 3 Luftm, 7 Stäbchen um den nächsten 6er-Luftm-Bogen der Vor-R, * (1 Stäbchen, 2 Luftm, 1 Stäbchen) in die mittlere Luftm des nächsten 5er-Luftm-Bogens der Vor-R, 13 Stäbchen um den nächsten 9er-Luftm-Bogen der Vor-R; ab * stets wiederholen, (1 Stäbchen, 2 Luftm, 1 Stäbchen) in die mittlere Luftm des nächsten 5er-Luftm-Bogens der Vor-R, 7 Stäbchen um den nächsten 6er-Luftm-Bogen der Vor-R, 1 Stäbchen in die 3. Anfangs-Luftm der Vor-R.
5. Reihe: 3 Luftm, 1 Stäbchen in das letzte Stäbchen der Vor-R, mit 3 Luftm 2 Stäbchen der Vor-R überspringen, 1 feste M, (1 Doppel-Stäbchen, 9 Luftm, 1 Doppel-Stäbchen) um den nächsten 2er-Luftm-Bogen zwischen den Stäbchen der Vor-R, * 1 feste M in das 5. Stäbchen der nächsten 13er-Stäbchen-Gruppe der Vor-R, mit 5 Luftm 3 Stäbchen der Vor-R überspringen, 1 feste M, (1 Doppel-Stäbchen, 9 Luftm, 1 Doppel-Stäbchen) um den nächsten 2er-Luftm-Bogen zwischen den Stäbchen der Vor-R; ab * stets wiederholen, 1 feste M in das 5. Stäbchen der nächsten 7er-Stäbchen-Gruppe der Vor-R, 3 Luftm, 2 Stäbchen in die 3. Anfangs-Luftm der Vor-R.
6. Reihe: 3 Luftm, (1 Stäbchen, 1 Luftm, 1 Stäbchen) in das vorletzte Stäbchen der Vor-R, * 13 Stäbchen um den nächsten 9er-Luftm-Bogen der Vor-R, (1 Stäbchen, 2 Luftm, 1 Stäbchen) in die mittlere Luftm des nächsten 5er-Luftm-Bogens der Vor-R; ab * stets wiederholen, 13 Stäbchen um den nächsten 9er-Luftm-Bogen der Vor-R, (1 Stäbchen, 1 Luftm, 1 Stäbchen) in das erste Stäbchen der Vor-R, 1 Stäbchen in die 3. Anfangs-Luftm der Vor-R.
7. Reihe: 3 Luftm, (1 Stäbchen, 6 Luftm, 1 Doppel-Stäbchen) um die nächste Luftm zwischen den Stäbchen der Vor-R, * 1 feste

M in das 5. Stäbchen der nächsten 13er-Stäbchen-Gruppe der Vor-R, mit 5 Luftm 3 Stäbchen der Vor-R überspringen, 1 feste M, (1 Doppel-Stäbchen, 9 Luftm, 1 Doppel-Stäbchen) um den nächsten 2er-Luftm-Bogen zwischen den Stäbchen der Vor-R; ab * stets wiederholen, 1 feste M in das 5. Stäbchen der nächsten 13er-Stäbchen-Gruppe der Vor-R, mit 5 Luftm 3 Stäbchen der Vor-R überspringen, 1 feste M, (1 Doppel-Stäbchen, 6 Luftm, 1 Stäbchen) um die nächste Luftm zwischen den Stäbchen der Vor-R, 1 Stäbchen in die 3. Anfangs-Luftm der Vor-R.

Die 1.–7. Reihe 1x arbeiten, dann die 4.–7. Reihe stets wiederholen.

HÄKELN NACH HÄKELSCHRIFT

In der Häkelschrift sind Hin- und Rückreihen notiert.

<u>In den Hinreihen</u> mit den M vor dem rechten Pfeil beginnen, den Rapport zwischen den Pfeilen stets wiederholen und mit den M nach dem linken Pfeil enden.
<u>In den Rückreihen</u> die M entsprechend von links nach rechts lesen.

Die 1.–7. Reihe 1x arbeiten, dann die 4.–7. Reihe stets wiederholen.

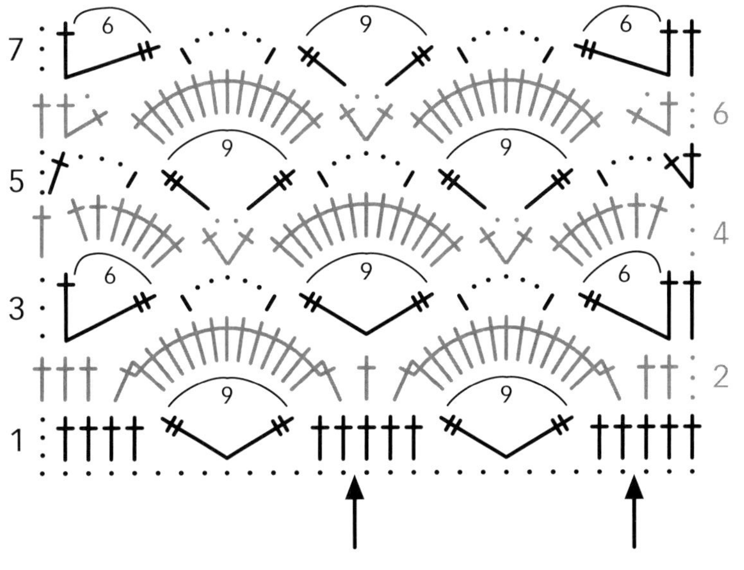

Zeichenerklärung

- · = 1 Luftmasche
- ı = 1 feste Masche
- † = 1 Stäbchen
- ǂ = 1 Doppel-Stäbchen
- (6) = 1 Luftmaschenbogen aus 6 Luftmaschen
- (9) = 1 Luftmaschenbogen aus 9 Luftmaschen

Laufen die Zeichen oben zusammen, werden die Maschen nacheinander jeweils bis vor das letzte Abmaschen gearbeitet und dann in einem letzten Schritt zusammen abgemascht. Die Maschen über einem Luftmaschen-Bogen um die Luftmaschen herum arbeiten.

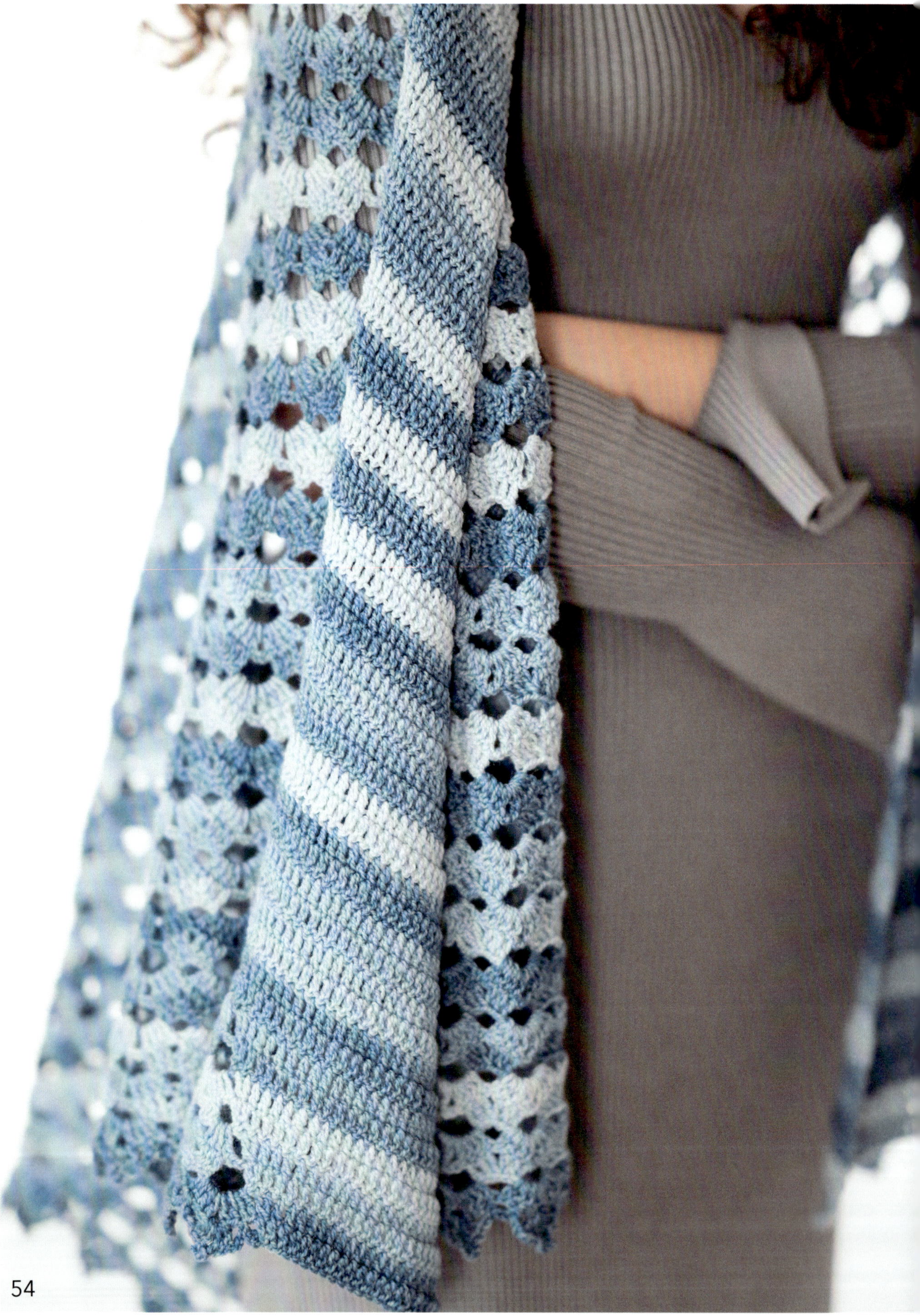

Dreieckstuch

Schwierigkeitsgrad: mittel

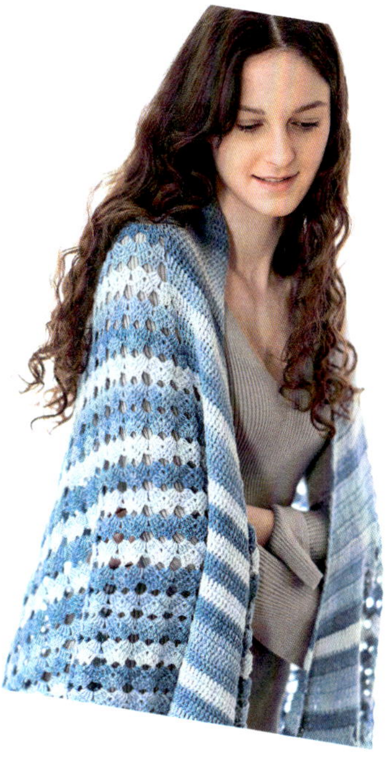

Sonne, Strand und blaues Meer! Bei diesem Tuch, das in XXL-Kuschelgröße gearbeitet wird, lässt nicht nur die Farbe echtes Urlaubsfeeling aufkommen. Auch das Wellenspielmuster von Seite 12, das sich nach und nach in das Dreieckstuch einfügt, und die herrlichen Aquatöne des Garns machen Freude!

Größe:

ca. 145 cm breit, 140 cm lang

Material:

ggh Wolle Merinella (100 % Schurwolle, LL = 400 m/100 g): 500 g Helles Grünblau (Fb 09); Häkelnadel in 3,5 mm; Vernähnadel.

Muster:

Inneres Dreieck aus dem Fadenring:
1. Reihe (Hinreihe): 3 Luftm, 4 Stäbchen in den Fadenring, 3 Luftm, 5 Stäbchen in den Fadenring.
2. Reihe (alle folgenden Hin- und Rückreihen): 3 Wende-Luftm, 1 Stäbchen in die 4. M ab Nadel, je 1 Stäbchen in die Stäbchen der Vor-R, (2 Stäbchen, 3 Luftm, 2 Stäbchen) um den Luftm-Bogen, in jedes Stäbchen der Vor-R 1 Stäbchen, 2 Stäbchen in die 3. Wende-Luftm der Vor-R.

Die 1.-2. Reihe 1x arbeiten, dann für die 3.-9. Reihe die 2. Reihe noch 7x in Hin- und Rückreihen wiederholen.

Wellenspielmuster:
Nach Häkelschrift häkeln. Es sind Hin- und Rückreihen notiert. Der Übersicht halber sind die bereits gehäkelten Reihen 8 und 9 noch mit eingezeichnet.

In allen Hin- und Rückreihen 3 Wende-Luftm, 1 Stäbchen in die 4. M ab Nadel, Stäbchen entsprechend der Häkelschrift, die Dreieckspitze im dargestellten Wellenspielmuster, Stäbchen bis zum Reihenende und 2 Stäbchen in die 3. Wende-Luftm der Vor-R.

Die 10.– 17. Reihe 1x arbeiten, dann die 14.-17. Reihe stets wiederholen.

Abschlusskante mit Picots:
Nach Häkelschrift häkeln.

Zur besseren Übersichtlichkeit sind die bereits gehäkelten Reihen 70 und 71 im Wellenspielmuster noch mit eingezeichnet. Nur die 72. Reihe 1x als Abschlussreihe arbeiten.

Maschenprobe:

Wellenspielmuster: 22 Maschen x 10 Reihen = 10 cm x 10 cm.

So wird's gemacht:

Das Tuch in der oberen Mitte mit einem Fadenring beginnen und in Hin- und Rückreihen häkeln. In jeder Reihe werden mittig und an beiden Seiten Zunahmen gearbeitet.

Einen Fadenring legen (s. Seite 9). **1. Reihe (Hinreihe):** 3 Luftm, 4 Stäbchen in den Fadenring, 3 Luftm, 5 Stäbchen in den Fadenring. **2. Reihe (und alle folgenden Hin- und Rückreihen):** 3 Wende-Luftm, 1 Stäbchen in die 4. M ab Nadel, je 1 Stäbchen in die Stäbchen der Vor-R, (2 Stäbchen, 3 Luftm, 2 Stäbchen) in den Luftm-Bogen, in jedes Stäbchen der Vor-R 1 Stäbchen, 2 Stäbchen in die 3. Wende-Luftm der Vor-R (= 6 Zunahmen, je 3 Zunahmen pro Seite). **3.–9. Reihe:** Die 2. Reihe in Hin- und Rückreihen noch 7x wiederholen (= 29 Maschen + 3-Luftm-Bogen + 29 Maschen).

Ab der 10. Reihe im Wellenspielmuster nach Häkelschrift arbeiten, dabei für den Stäbchenrand an beiden Seiten die Zunahmen wie bisher weiterführen und den mittleren Musterteil nach Häkelschrift arbeiten. Insgesamt 71 Reihen arbeiten (= 1x die 10.–17. Reihe, dann die 14.–17. Reihe noch 15x wiederholen und noch 1x die 14.–16. Reihe arbeiten).

Hinweis: Das Tuch lässt sich durch einfaches Hinzufügen weiterer Wiederholungen der 14.–17. Reihe beliebig vergrößern. Wichtig ist dabei nur, mit einer 16. Reihe der Häkelschrift zu enden.

Nun die 72. Reihe, die eine 17. Reihe des Wellenspielmusters ersetzt, als Abschlusskante mit Picots nach Häkelschrift arbeiten.

Fertigstellung:
Alle Fäden vernähen. Das Tuch anfeuchten und in Form spannen.

Wellenspielmuster:

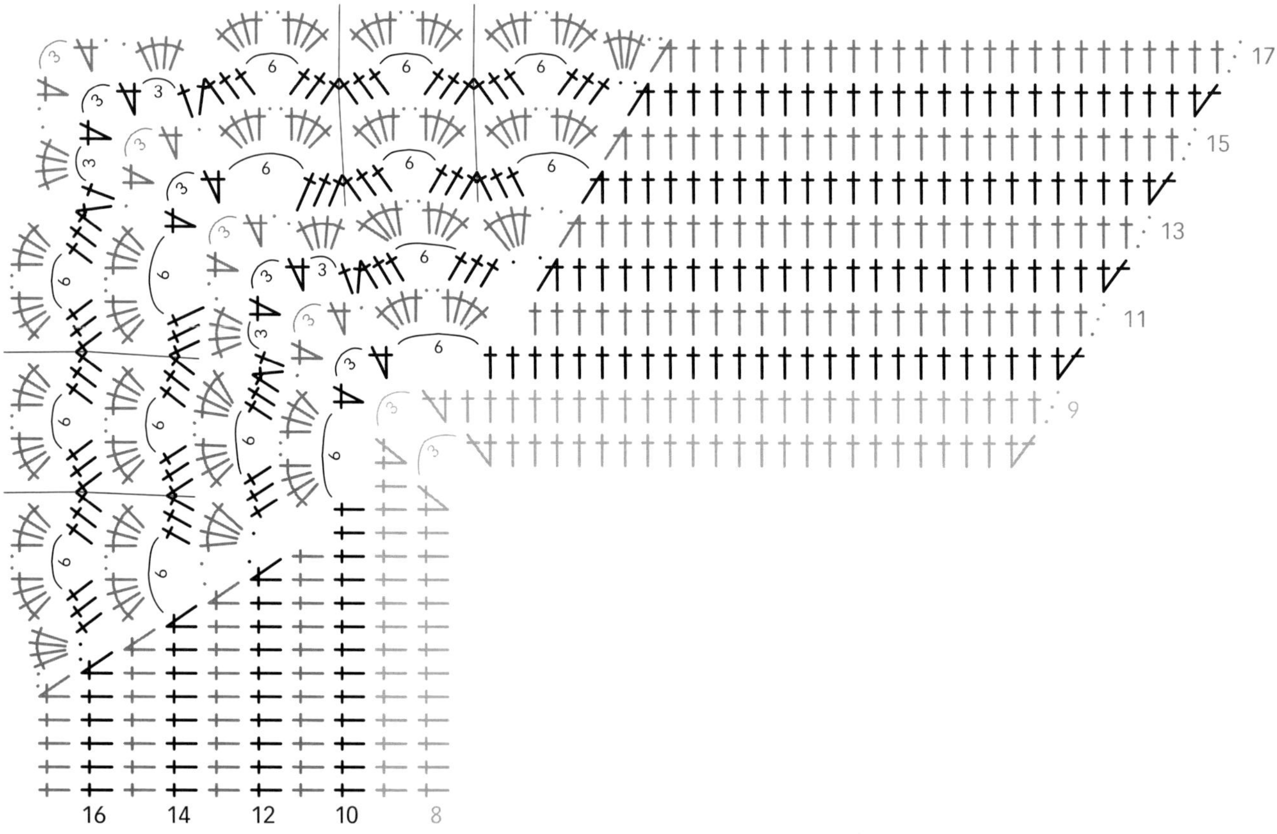

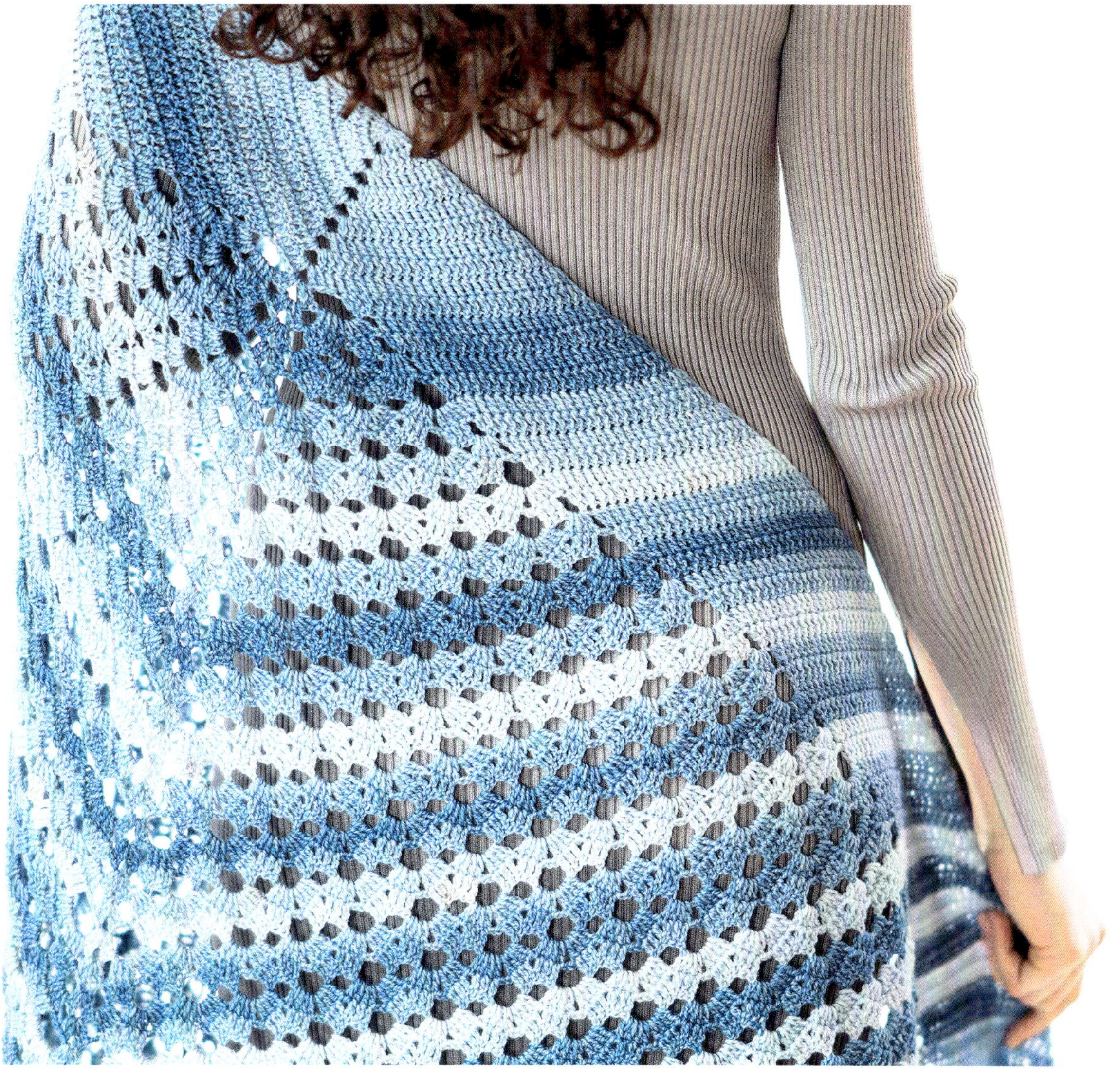

Abschlusskante mit Picots:

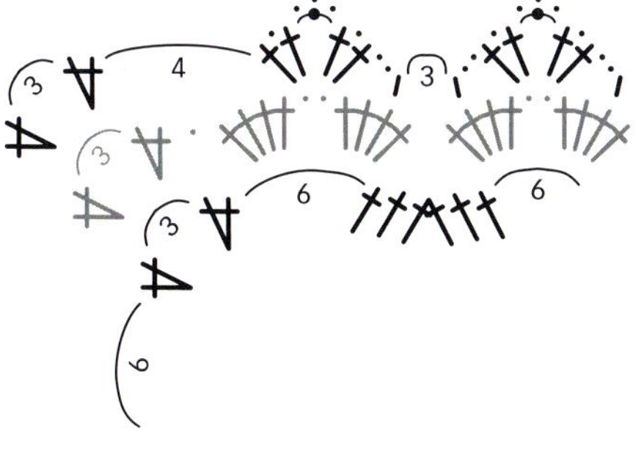

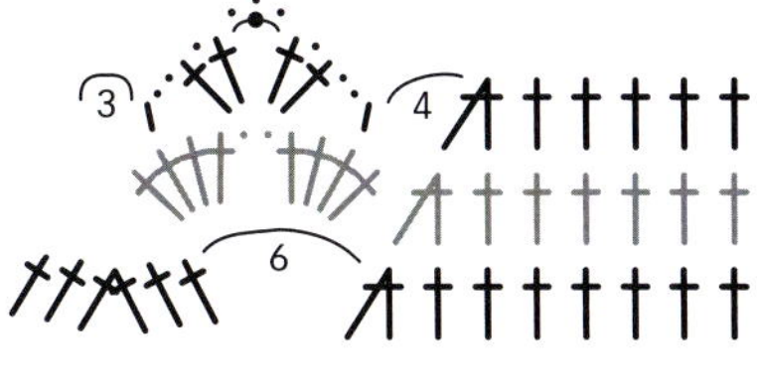

Zeichenerklärung

- · = 1 Luftmasche
- ı = 1 feste Masche
- † = 1 Stäbchen
- Picot = 1 Picot (= 3 Luftmaschen, 1 feste Masche zurück in die 1. Luftmasche)
- 3 = 1 Luftmaschenbogen aus 3 Luftmaschen
- 4 = 1 Luftmaschenbogen aus 4 Luftmaschen
- 6 = 1 Luftmaschenbogen aus 6 Luftmaschen

Laufen die Zeichen unten zusammen, werden die Maschen in dieselbe Einstichstelle gearbeitet. Laufen die Zeichen oben zusammen, werden die Maschen nacheinander jeweils bis vor das letzte Abmaschen gearbeitet und dann in einem letzten Schritt zusammen abgemascht. Die Stäbchen über einem Luftmaschenbogen stets um die Luftmaschen herum arbeiten.

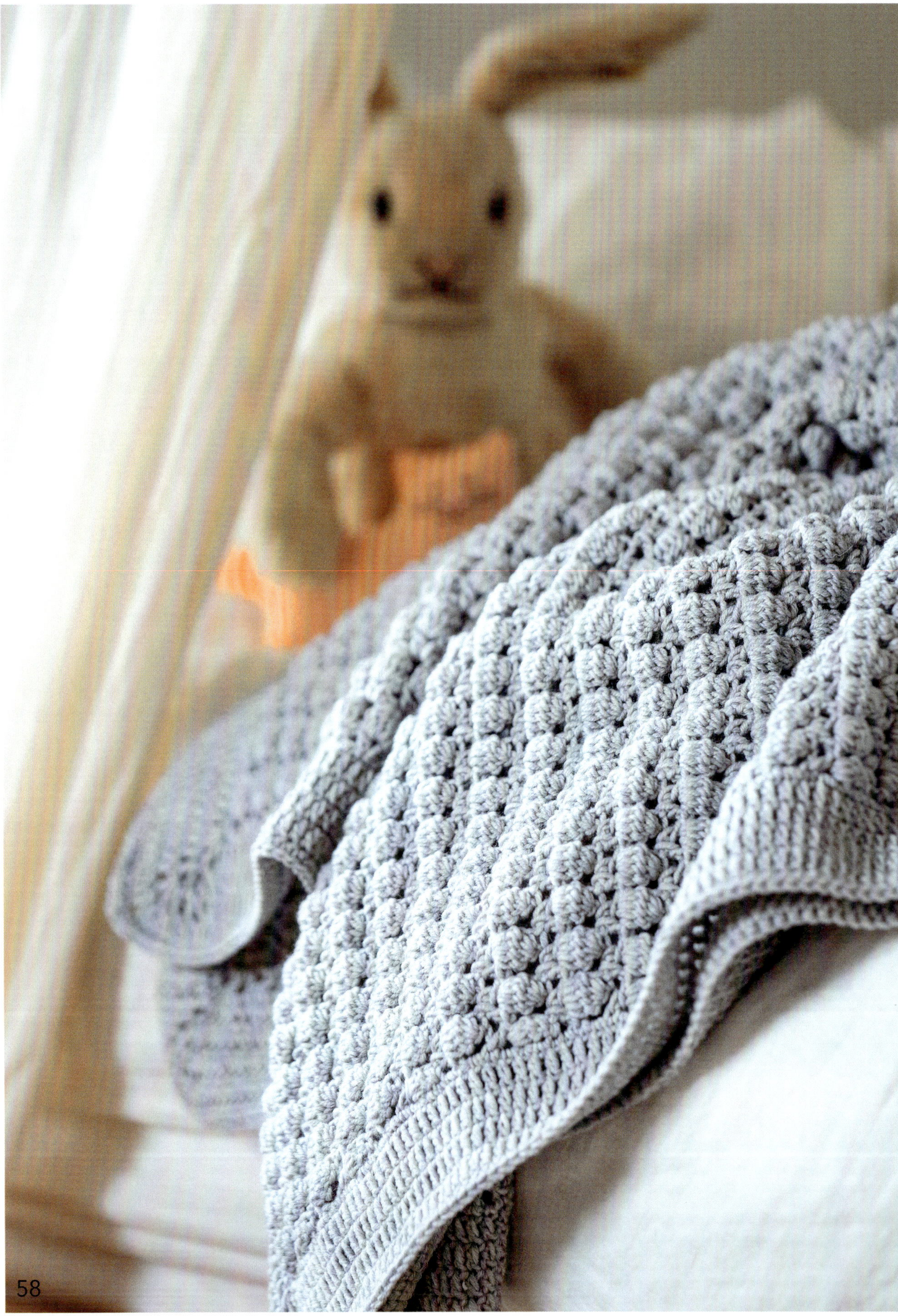

Babydecke

Schwierigkeitsgrad: leicht

Die kuschelig-warme Decke mit lustigem Popcorn-Muster von Seite 14 hält Ihren Liebling warm. In zartem Grau gehäkelt eignet sie sich auch toll als Geschenk zur Geburt, denn man kann früh genug mit dem Häkeln anfangen und liegt mit der Farbe auf jeden Fall richtig!

Größe:

ca. 70 cm x 85 cm

Material:

Lana Grossa Cool Wool (100 % Merino, LL = 160 m/50 g): 650 g Hellgrau meliert (Fb 443); Häkelnadel in 3,0 mm; Vernähnadel.

Muster:

Popcornmuster:
Maschenzahl teilbar durch 3 + 5 M.

Nach Häkelschrift arbeiten. In der Häkelschrift sind Hin- und Rückreihen notiert.

In den Hinreihen mit den M vor dem rechten Pfeil beginnen, den Rapport zwischen den Pfeilen stets wiederholen und mit den M nach dem linken Pfeil enden.
In den Rückreihen die M entsprechend von links nach rechts lesen.

Die 1.–5. Reihe arbeiten, dann die 2.–5. Reihe stets wiederholen.

Maschenprobe:

22 Maschen x 9 Reihen = 10 cm x 10 cm.

So wird's gemacht:

143 Luftm anschlagen und insgesamt 73 R im Popcornmuster nach Häkelschrift häkeln.

Dann die Decke wie folgt ringsum behäkeln:
1. Runde: 1 Steige-Lufm, ringsum feste M häkeln, dabei in jede Ecke jeweils 3 feste M arbeiten; 1 Kettm in die 1. Luftm. **2. Runde:** 3 Steige-Luftm, ringsum Stäbchen häkeln, dabei in den Ecken: 1 Stäbchen, 1 Luftm, 1 Stäbchen, 1 Luftm, 1 Stäbchen in die 3 Ecke-M; 1 Kettm in die oberste Steige-Luftm. **3. Runde:** 3 Steige-Luftm, ringsum Stäbchen häkeln, dabei in den Ecken: 1 Stäbchen, 1 Stäbchen um die Luftm, (1 Stäbchen, 1 Luftm, 1 Stäbchen) in das mittlere Stäbchen, 1 Stäbchen um die Luftm, 1 Stäbchen; 1 Kettm in die oberste Steige-Luftm. **4. und 5. Runde:** 3 Steige-Luftm, ringsum Stäbchen häkeln, dabei in den Ecken: 1 Stäbchen, 1 Luftm, 1 Stäbchen um die Luftm; 1 Kettm in die oberste Steige-Luftm. **6. Runde:** 1 Steige-Luftm, ringsum feste M häkeln, dabei in die Eck-Luftm 3 feste M häkeln; 1 Kettm in die Steige-Luftm.

Fertigstellung:
Fäden vernähen.

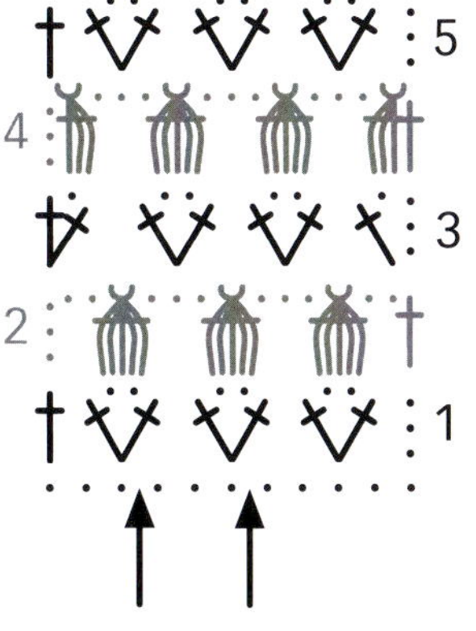

Zeichenerklärung

- · = 1 Luftmasche
- † = 1 Stäbchen
- = 3er Popcornmasche (= 3 zusammen abgemaschte Stäbchen)
- = 5er Popcornmasche (= 5 zusammen abgemaschte Stäbchen)

Laufen die Zeichen unten zusammen, werden die Maschen in dieselbe Einstichstelle gearbeitet.

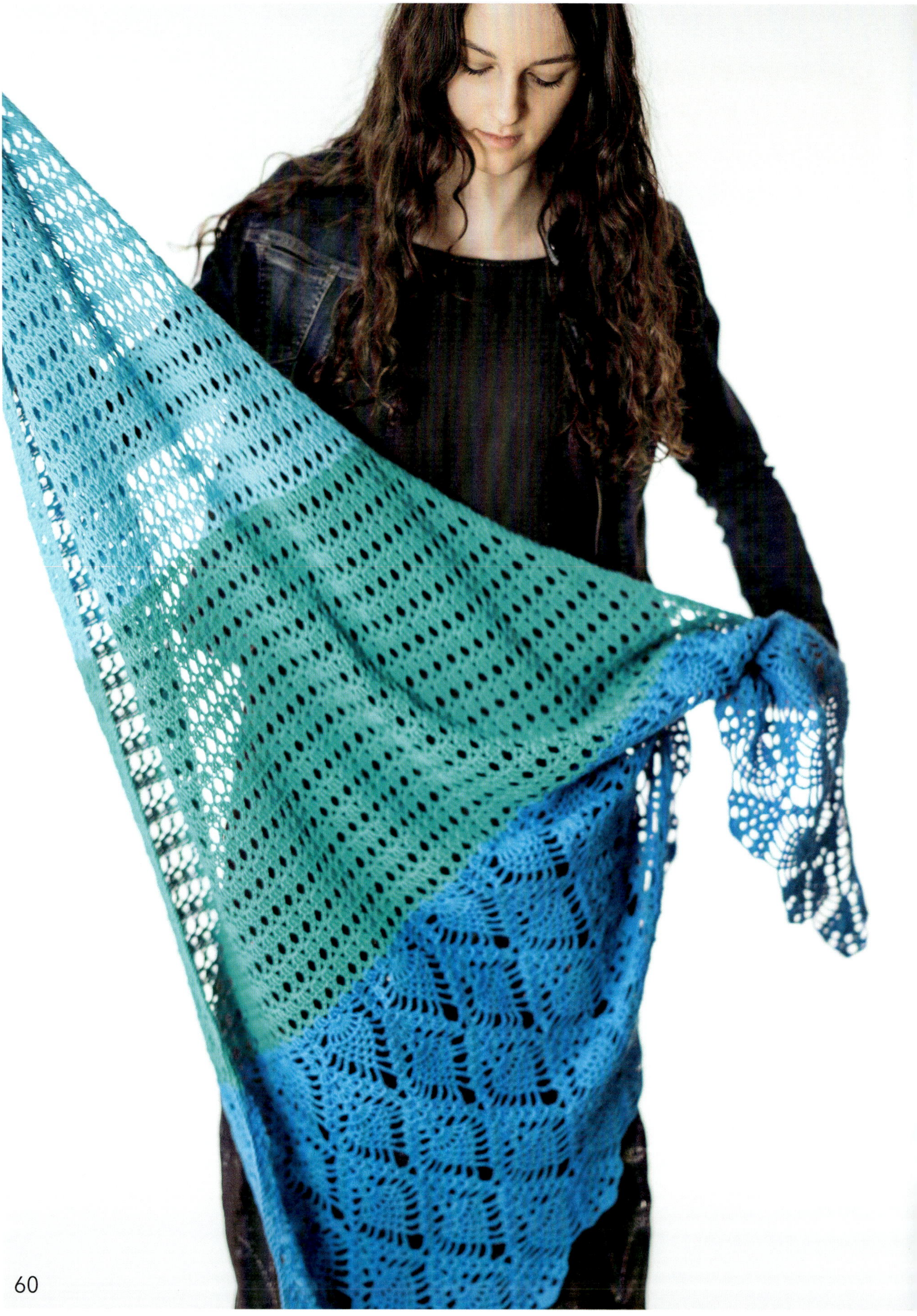

Schal

Schwierigkeitsgrad: mittel/schwierig

Hingucker bei diesem außergewöhnlichen Schal ist der spannende Mustermix aus Kreuzstäbchen von Seite 16 und dem raffinierten Ananasmuster von Seite 18. Dank seiner Länge lässt er sich wirkungsvoll um die Schultern drapieren, so dass die aufeinander abgestimmten Aquatöne und die schöne Musterkante gut zur Geltung kommen.

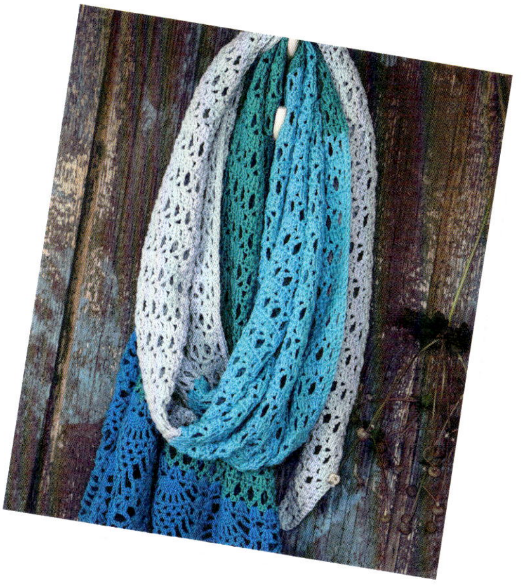

Größe:

ca. 196 cm lang, 87 cm breit

Material:

Lang Yarns Baby Cotton (100 % Baumwolle, LL = 180 m/50 g): je 100 g Himmelblau (Fb 21) und Türkis (Fb 79), 200 g Türkis dunkel (Fb 78), 150 g Smaragd (Fb 72); Häkelnadel in 3,0 mm; Vernähnadel.

Muster:

Kreuzstäbchen-Dreieck:
Nach Häkelschrift arbeiten. Es sind Hin- und Rückreihen notiert. Mit einem Fadenring beginnen (s. Seite 9).

In den Hinreihen in der 1., 3. und 5. Reihe alle M von rechts nach links lesen, in allen folgenden Hinreihen mit der M vor dem rechten Pfeil beginnen, den Rapport zwischen den beiden Pfeilen stets wiederholen und mit den M nach dem linken Pfeil enden.
In den Rückreihen die M entsprechend von links nach rechts lesen.

Die 1.–5. Reihe 1x arbeiten, dann die 4.–5. Reihe stets wiederholen.

Borte im Ananasmuster:
Nach Häkelschrift arbeiten. Es sind Hin- und Rückreihen notiert.

In den Hinreihen mit den M vor dem rechten Pfeil beginnen, den Rapport zwischen den Pfeilen stets wiederholen und mit den M nach dem linken Pfeil enden.
In den Rückreihen die M entsprechend von links nach rechts lesen.

Die 1.–37. Reihe 1x arbeiten.

Farb- und Musterfolge: 62 Reihen Himmelblau, 26 Reihen Türkis, 26 Reihen Smaragd (= 114 Reihen als Kreuzstäbchen-Dreieck), dann 37 Reihen Türkis dunkel (= 37 Reihen der Borte im Ananasmuster).

Kreuz-Stäbchen über 3 Maschen:
2 Umschläge wie für ein Doppel-Stäbchen, die Nadel in die 1. Einstichstelle einstechen, den Faden holen, umschlagen und den Faden durch 2 Schlingen ziehen, umschlagen, 1 M der Vor-R überspringen und die Nadel in die übernächste Einstichstelle einstechen, [den Faden holen, umschlagen und Faden durch 2 Schlingen ziehen] 4x, 2 Luftm, umschlagen und den Faden durch den Kreuzungspunkt der 3 bisher gearbeiteten Stäbchen holen, [umschlagen, den Faden durch 2 Schlingen ziehen] 2x.

Maschenprobe:

Kreuzstäbchen: 21 Maschen x 7 Reihen = 10 cm x 10 cm; **Ananasmuster:** 20 Maschen x 11 Reihen = 10 cm x 10 cm.

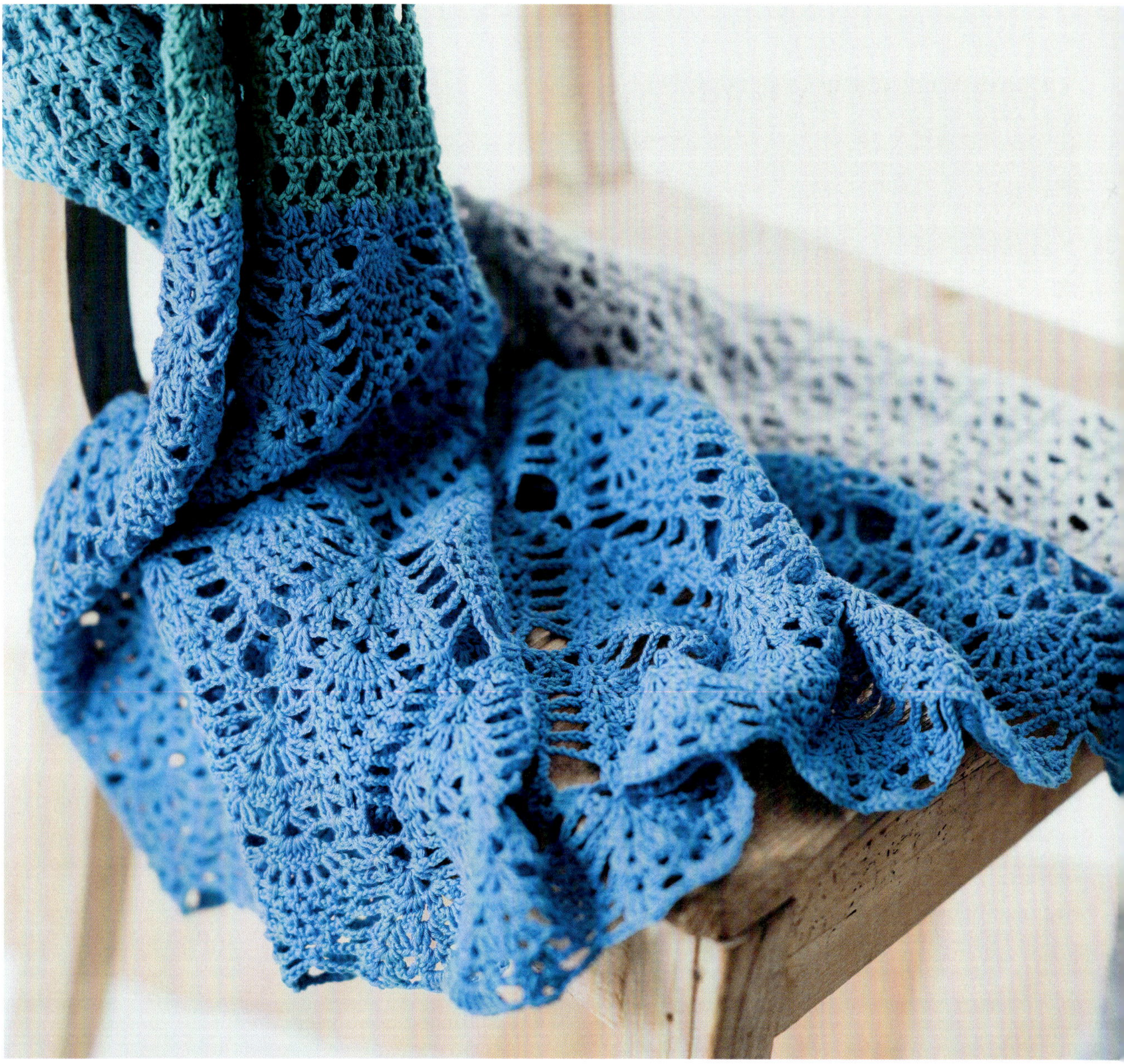

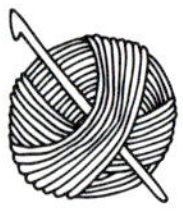

So wird's gemacht:

Das Tuch wird an einer Spitze begonnen und in Reihen gehäkelt. Für die schräge Kante wird im Kreuzstäbchenmuster einseitig zugenommen.

In Himmelblau mit einem Fadenring (s. Seite 9) beginnen und 114 Reihen nach Häkelschrift für das Kreuzstäbchen-Dreieck arbeiten (= 1x die 1.–5. Reihe, dann die 4.–5. Reihe noch 54x wiederholen und anschließend noch 1x die 4. Reihe arbeiten) = 57 Kreuzstäbchen.

Dann in Türkis dunkel die 37 Reihen der Borte im Ananasmuster nach Häkelschrift arbeiten.

Anschließend das Tuch ringsum wie folgt umhäkeln: * 1 feste M, 1 Luftm; ab * stets wiederholen, dabei über den einzelnen Farbstreifen zur jeweils passenden Farbe wechseln. Die Rd mit 1 Kettm schließen, den Faden abschneiden und durchziehen.

Fertigstellung:
Alle Fäden vernähen. Das Tuch anfeuchten und in Form spannen.

Breite Borte im Ananasmuster:

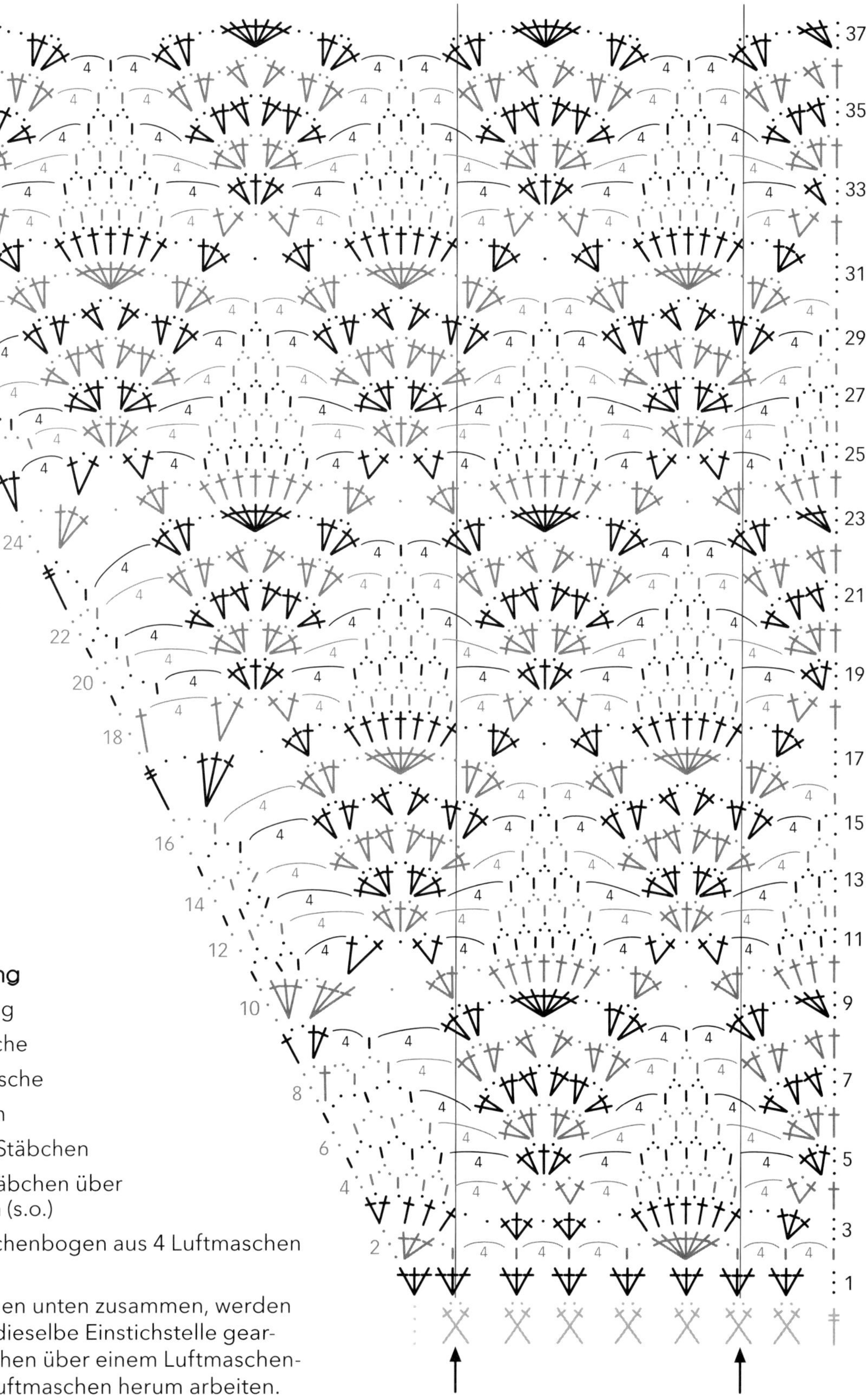

Kreuzstäbchen-Dreieck:

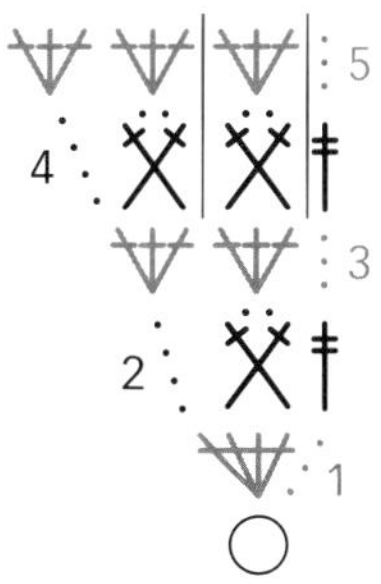

Zeichenerklärung

○ = 1 Fadenring

· = 1 Luftmasche

ı = 1 feste Masche

† = 1 Stäbchen

‡ = 1 Doppel-Stäbchen

X = 1 Kreuz-Stäbchen über 3 Maschen (s.o.)

⌒4⌒ = 1 Luftmaschenbogen aus 4 Luftmaschen

Laufen die Zeichen unten zusammen, werden die Maschen in dieselbe Einstichstelle gearbeitet. Die Maschen über einem Luftmaschen-Bogen um die Luftmaschen herum arbeiten.

Gestreiftes Kissen

Schwierigkeitsgrad: leicht

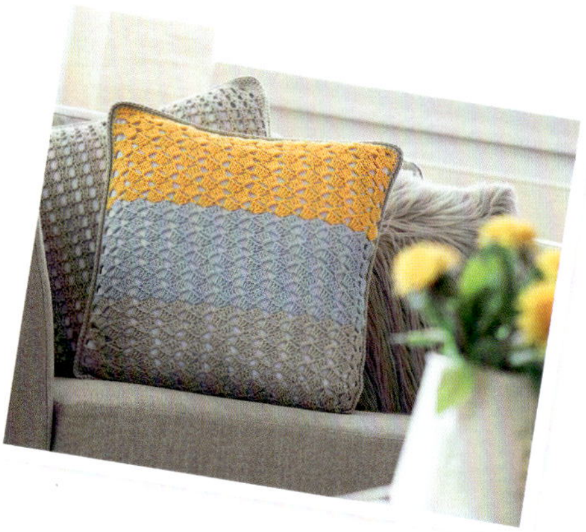

Dieses Kissen ist mit dem tollen Flechtmuster von Seite 22 und der frischen Farbkombi ein echter Eyecatcher auf dem Sofa! Aus softem Garn mit Cashmere-Anteil ist das Lieblingsstück schnell nachgehäkelt.

Größe:

ca. 50 cm x 50 cm

Material:

Lana Grossa Fourseason (45 % Schurwolle (Merino extrafein), 40 % Baumwolle und 15 % Kaschmir GOTS (recycelt), LL = 105 m/50 g): je 100 g in Graubeige (Fb 10), Hellblau (Fb 1) und Dottergelb (Fb 22); Häkelnadel in 5,0 mm; Kissenfüllung, 50 cm x 50 cm in Weiß; Vernähnadel.

Muster:

Flechtmuster:
Maschenzahl teilbar durch 5.

Nach Häkelschrift arbeiten. Es sind alle Hin- und Rückreihen eines Höhenrapports notiert.

In den Hinreihen mit den M vor dem rechten Pfeil beginnen, den Rapport zwischen den Pfeilen stets wiederholen und mit den M nach dem linken Pfeil enden.
In den Rückreihen die Häkelschrift entsprechend von links nach rechts lesen.

Die 1.-4. Reihe 1x arbeiten, dann die 3.- 4. Reihe stets wiederholen.

Abschlusskante:
Nach Häkelschrift arbeiten.

1x die 31. Reihe arbeiten, dann in der rechten, oberen Ecke den Faden neu anschlingen und ringsum 1x die 1. Runde arbeiten.

Farbfolge: Je 10 Reihen in Graubeige, Hellblau und Dottergelb (= 30 Reihen).

Maschenprobe:

12 Maschen x 7 Reihen = 10 cm x 10 cm.

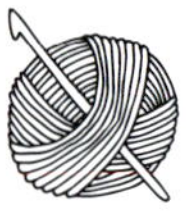

So wird's gemacht:

Für die **Vorderseite** 60 Luftm in Graubeige anschlagen, 1 Wende-Luftm arbeiten und 1 Reihe feste M häkeln. Dann 30 Reihen im Flechtmuster nach Häkelschrift in der Farbfolge arbeiten.

Anschließend in Dottergelb die 31. Reihe der Abschlusskante nach Häkelschrift häkeln, den Faden abschneiden und durchziehen. Nun zunächst alle Fäden vernähen.

Den Faden in Graubeige in der rechten, oberen Ecke neu anschlingen und die gesamte Vorderseite ringsum mit der 1. Runde der Abschlusskante umhäkeln. Dabei in die Ecken jeweils 3 feste M arbeiten. Dann die Fäden vernähen.

Die **Rückseite** ebenso arbeiten.

Fertigstellung:
Vorder- und Rückseite links auf links aufeinanderlegen und mit festen M in Graubeige an drei Seiten zusammenhäkeln, dabei nur die jeweils innenliegenden M-Glieder der festen M der letzten Rd von Vorder- und Rückseite erfassen. Die Kissenfüllung einschieben und die letzte Seite mit festen M schließen. Dann den Faden durchziehen und vernähen.

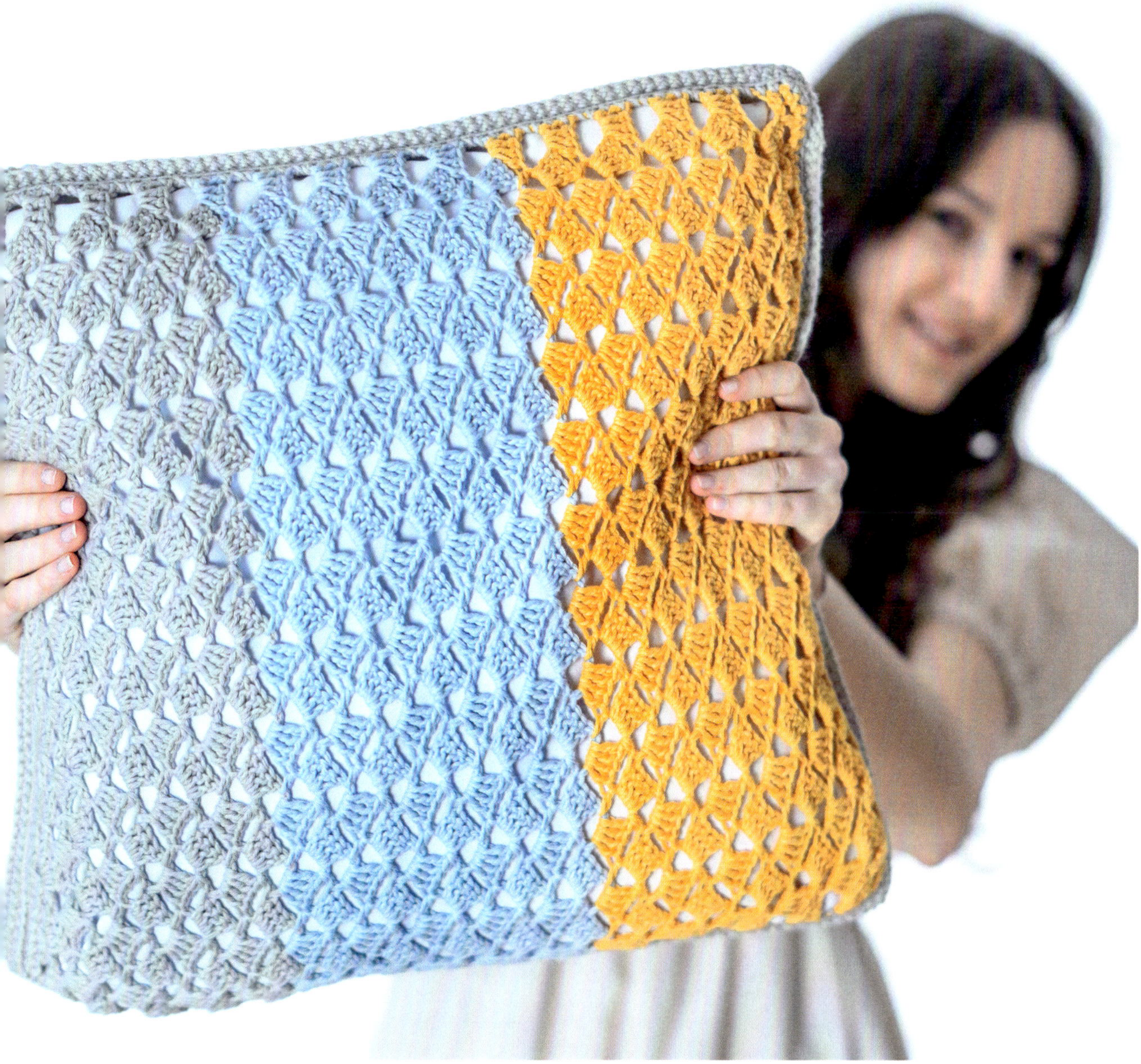

Flechtmuster:

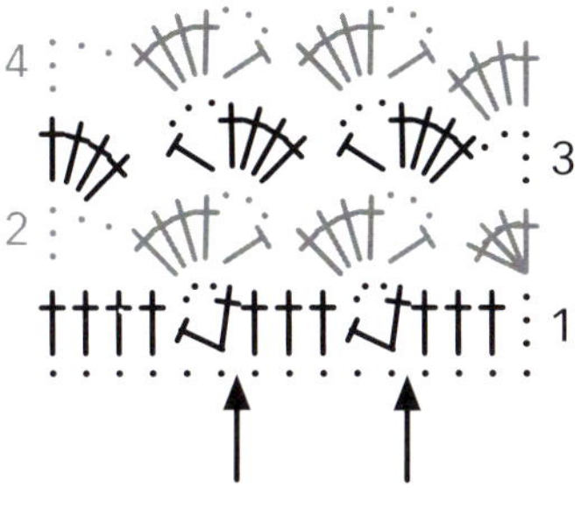

Abschlusskante:

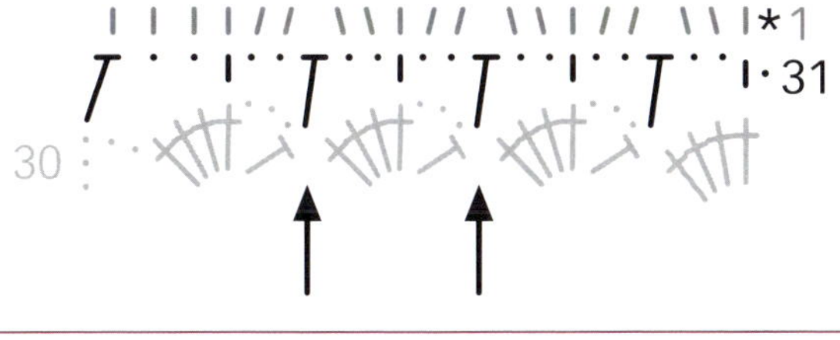

Zeichenerklärung

- · = 1 Luftmasche
- ı = 1 feste Masche
- T = 1 halbes Stäbchen
- † = 1 Stäbchen

Laufen die Zeichen unten zusammen, werden die Masche in dieselbe Einstichstelle gehäkelt. Die Maschen über einem Luftmaschen-Bogen um die Luftmaschen herum arbeiten.

Kissen

Schwierigkeitsgrad: leicht

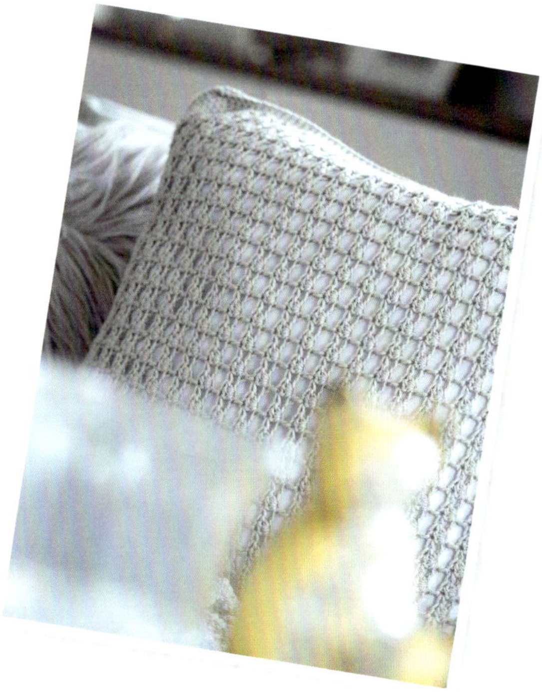

Das Kissen im Acornmuster von Seite 24 fügt sich mit seinem puristischen und geradlinigen Design in zartem Graubeige wunderbar in jede Wohnlandschaft ein. Das unkomplizierte, aber sehr dekorative Muster mit halben Stäbchen erinnert an Eicheln und gab dem Kissen seinen Namen.

Größe:

ca. 50 cm x 50 cm

Material:

Lana Grossa Fourseason (45 % Schurwolle (Merino extrafein), 40 % Baumwolle und 15 % Kaschmir GOTS (recycelt), LL = 105 m/50 g): 250 g Graubeige (Fb 10); Häkelnadel in 5,0 mm; Kissenfüllung, 50 cm x 50 cm in Weiß; Vernähnadel.

Muster:

Acornmuster:
Maschenzahl teilbar durch 3 + 1 M.

Nach Häkelschrift arbeiten. Es sind alle Hin- und Rückreihen eines Höhenrapports notiert.

In den Hinreihen mit den M vor dem rechten Pfeil beginnen, den Mustersatz von 3 Maschen zwischen den Pfeilen stets wiederholen und mit den M nach dem linken Pfeil enden.
In den Rückreihen die Häkelschrift entsprechend von links nach rechts lesen.

Die 1.–3. Reihe arbeiten, dann die 2.–3. Reihe stets wiederholen.

Maschenprobe:

13 Maschen x 8 Reihen = 10 cm x 10 cm.

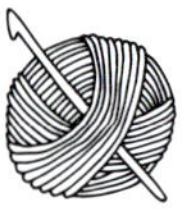

So wird's gemacht:

Für die **Vorderseite** 67 Luftm anschlagen, 1 Wende-Luftm arbeiten und 1 R feste M in die Anfangs-Luftmaschen häkeln.

Dann insgesamt 39 R im Acornmuster nach Häkelschrift arbeiten. Anschließend noch 1 zusätzliche R feste M häkeln, dabei um jeden 2-Luftm-Bogen 2 feste M, in jedes halbe Stäbchen 1 feste M arbeiten (= 67 Maschen).

Anschließend die gesamte Vorderseite ringsum mit 3 Rd feste M umhäkeln, dabei in jede Ecke jeweils 3 fest M arbeiten. Den Faden abschneiden und durchziehen.

Die **Rückseite** ebenso arbeiten.

Fertigstellung:
Vorder- und Rückseite links auf links aufeinanderlegen und mit festen M an 3 Seiten zusammenhäkeln. Dabei nur die jeweils innenliegenden M-Glieder der festen M der letzten Rd von Vorder- und Rückseite erfassen. Die Kissenfüllung einschieben und nun die letzte Seite mit festen M schließen. Dann den Faden durchziehen und vernähen.

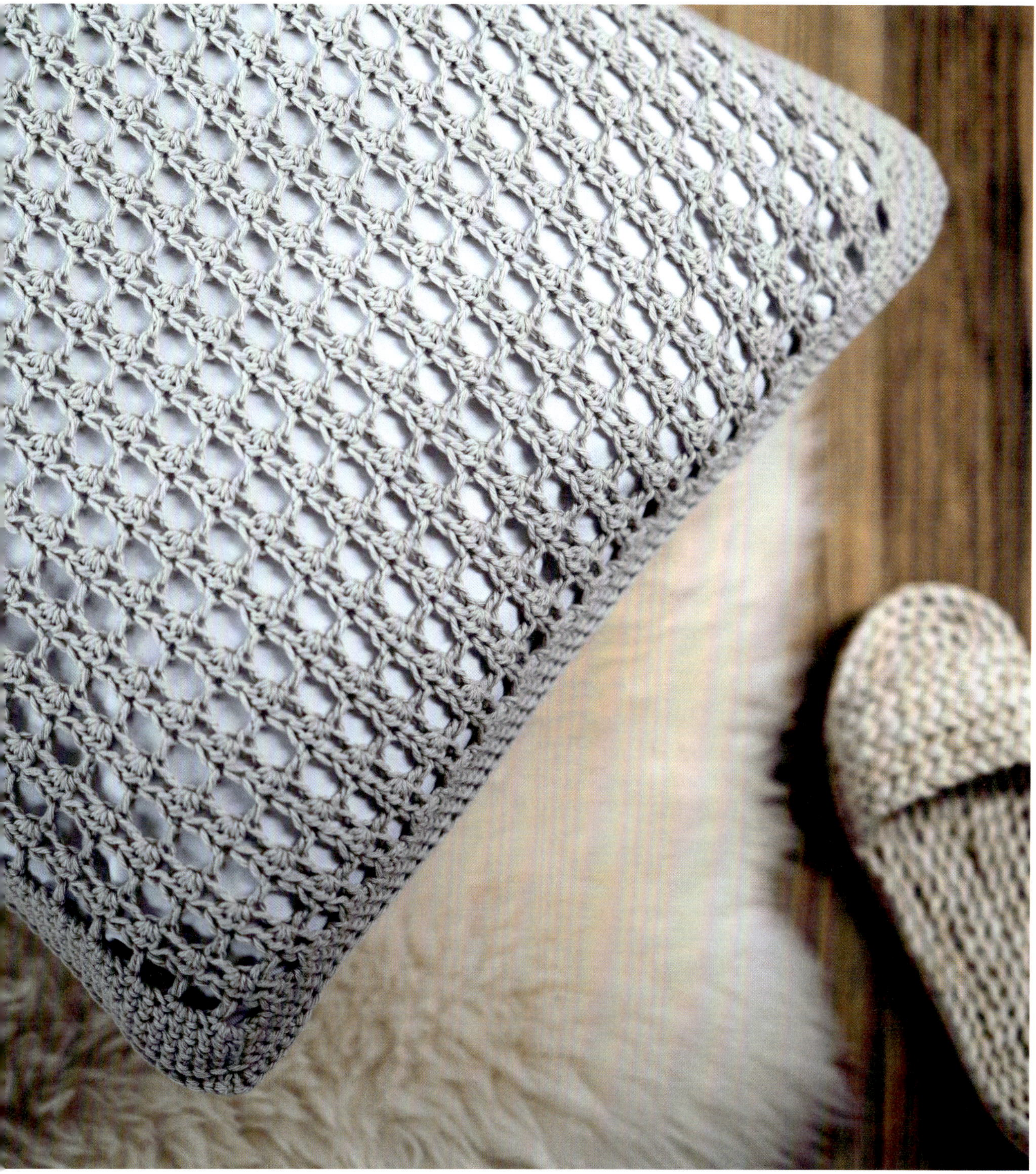

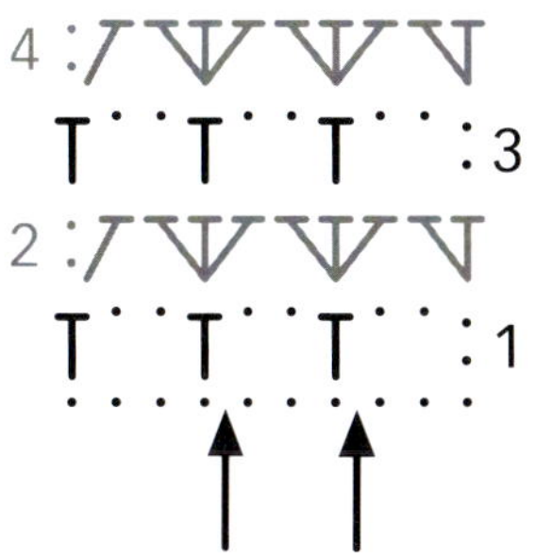

Zeichenerklärung

· = 1 Luftmasche

† = 1 halbes Stäbchen

Laufen die Zeichen unten zusammen, werden die Maschen in dieselbe Einstichstelle gehäkelt.

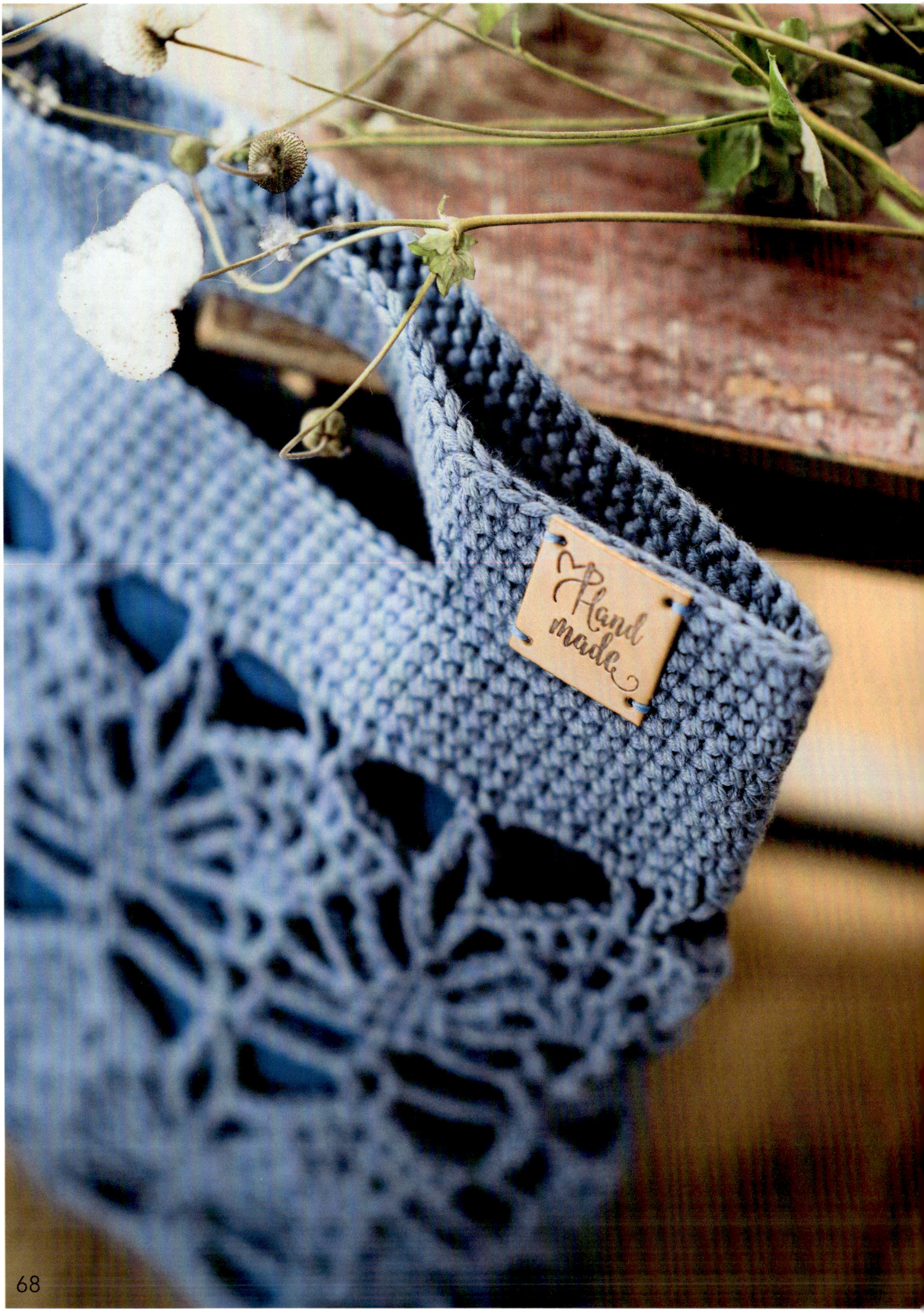
Hand
made

Tasche

Schwierigkeitsgrad: leicht

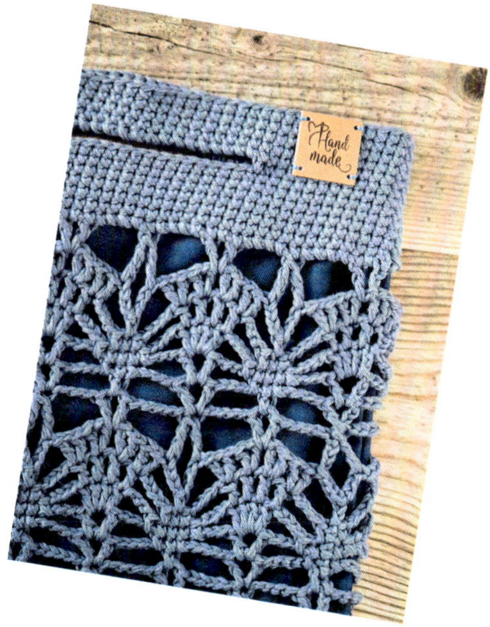

Nicht zu groß und nicht zu klein ist diese robuste Tasche mit dem aparten Feuerwerkmuster von Seite 25 im Mittelteil. Jugendlich frisch in angesagter Jeans-Optik findet sie zu verschiedenen Gelegenheiten ihren Einsatz.

Größe:

ca. 34 cm breit, 40 cm hoch

Material:

Lana Grossa Soft Cotton (70 % Baumwolle, 30 % Polyacryl, LL 140 m/50 g): 200 g Jeans (Fb 25); Häkelnadel in 5,5 mm; ein Stück farblich passender Jeansstoff, 40 cm x 70 cm; ein Lederlabel zum Aufnähen, 4 cm x 4 cm; Nähgarn in Jeansblau; Stecknadeln; Nähnadel; Vernähnadel; Maschenmarkierer.

Muster:

Feuerwerkmuster in Runden:
Maschenzahl teilbar durch 12.

Nach Häkelschrift arbeiten. Es sind alle Runden notiert. Den Rapport von 12 M stets wiederholen, jede Runde mit der notierten Zahl an Steige-Luftm beginnen und mit 1 Kettm in die Steige-Luftm beenden.

Die 1.–17. Runden 1x arbeiten.

Maschenprobe:

Mit doppeltem Faden: 15 Maschen x 8 Reihen im Muster = 10 cm x 10 cm.

So wird's gemacht:

Die gesamte Tasche mit doppeltem Faden arbeiten: 96 Luftm anschlagen, mit 1 festen M in die 1. Luftm zur Rd schließen, den Rd-Beginn markieren und 12 Spiralrunden feste M häkeln. Erst am Ende der 12. Rd diese mit 1 Kettm in die 1. feste M der Vor-Rd schließen.

Dann 17 Rd im Feuerwerkmuster nach Häkelschrift in aufsteigenden Rd arbeiten.

Anschließend nochmals 6 Spiralrunden feste M häkeln und für die **Taschengriffe** wie folgt weiterarbeiten: **7. Runde:** 14 feste M, mit 18 Luftm 20 M der Vor-Rd überspringen, 28 feste M, mit 18 Luftm 20 M der Vor-Rd überspringen, 14 feste M. **8. Runde:** * 14 feste M, 20 feste M um den 18er-Luftm-Bogen arbeiten, 14 feste M; ab * noch 1x wiederholen.

Dann noch 4 Spiralrunden feste M arbeiten. Nach der 12. Rd mit einer Kettm in die 1. feste M der Vor-Rd schließen.

Fertigstellung:

Alle Fäden vernähen. Die Tasche auf links drehen und so legen, dass die Griffschlitze mittig liegen. Die Naht am Anschlagsrand schließen, den Faden vernähen. Die Tasche wieder auf rechts drehen, anfeuchten, in Form ziehen und spannen.

Entsprechend der fertigen Maße der Tasche das Stück Jeansstoff für das Innenfutter (inkl. einer Nahtzugabe von 1 cm) in einer Größe von ca. 31 cm x 70 cm zuschneiden. Das Futter soll vom Unterrand der Tasche bis kurz unter den Griffschlitz reichen. Die Stoffränder versäubern. Die beiden schmalen Seiten (31 cm) rechts auf rechts aufeinanderlegen und die schmale Seitennaht schließen. Die untere Naht (Taschenboden) ebenfalls schließen. Das Innenfutter auf rechts drehen, die obere Kante 1 cm nach innen einfalten. Das Innenfutter in die Tasche einpassen und die obere Kante innen an der Tasche unterhalb des Griffes festnähen.

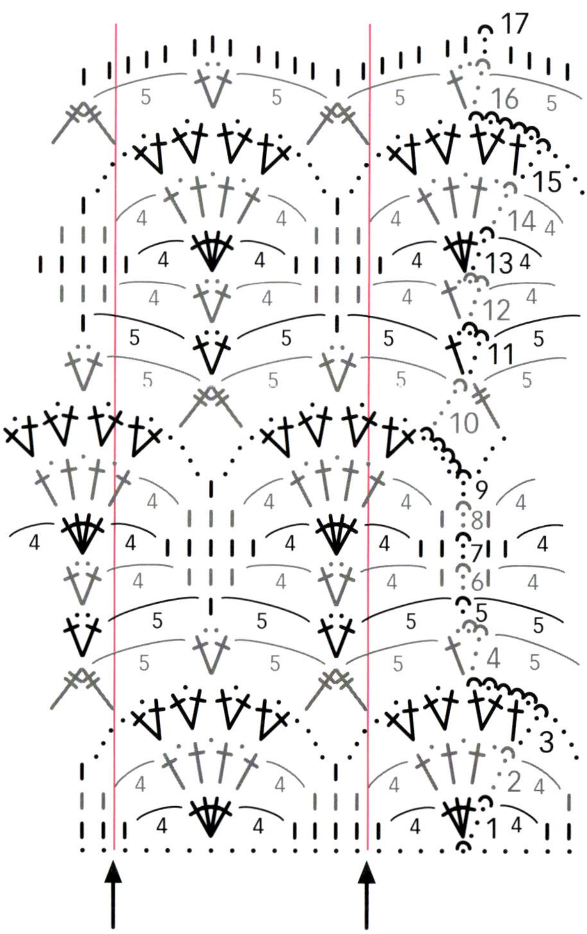

Das Lederlabel an gewünschter Stelle aufnähen.

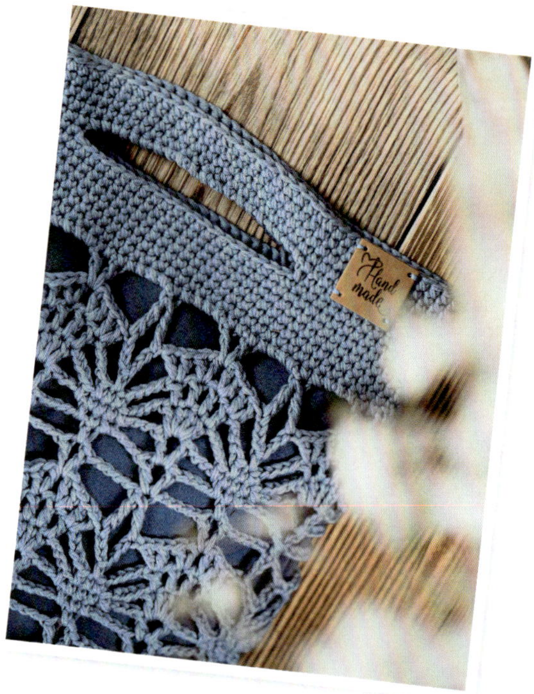

Zeichenerklärung

- · = 1 Luftmasche
- ⌒ = 1 Kettmasche
- ı = 1 feste Masche
- † = 1 Stäbchen
- ǂ = 1 Doppel-Stäbchen
- ⌒4 = 1 Luftmaschenbogen aus 4 Luftmaschen
- ⌒5 = 1 Luftmaschenbogen aus 5 Luftmaschen

Laufen die Zeichen unten zusammen, werden die Maschen in dieselbe Einstichstelle gearbeitet. Laufen die Zeichen oben zusammen, werden die Maschen nacheinander jeweils bis vor das letzte Abmaschen gearbeitet und dann in einem letzten Schritt zusammen abgemascht.

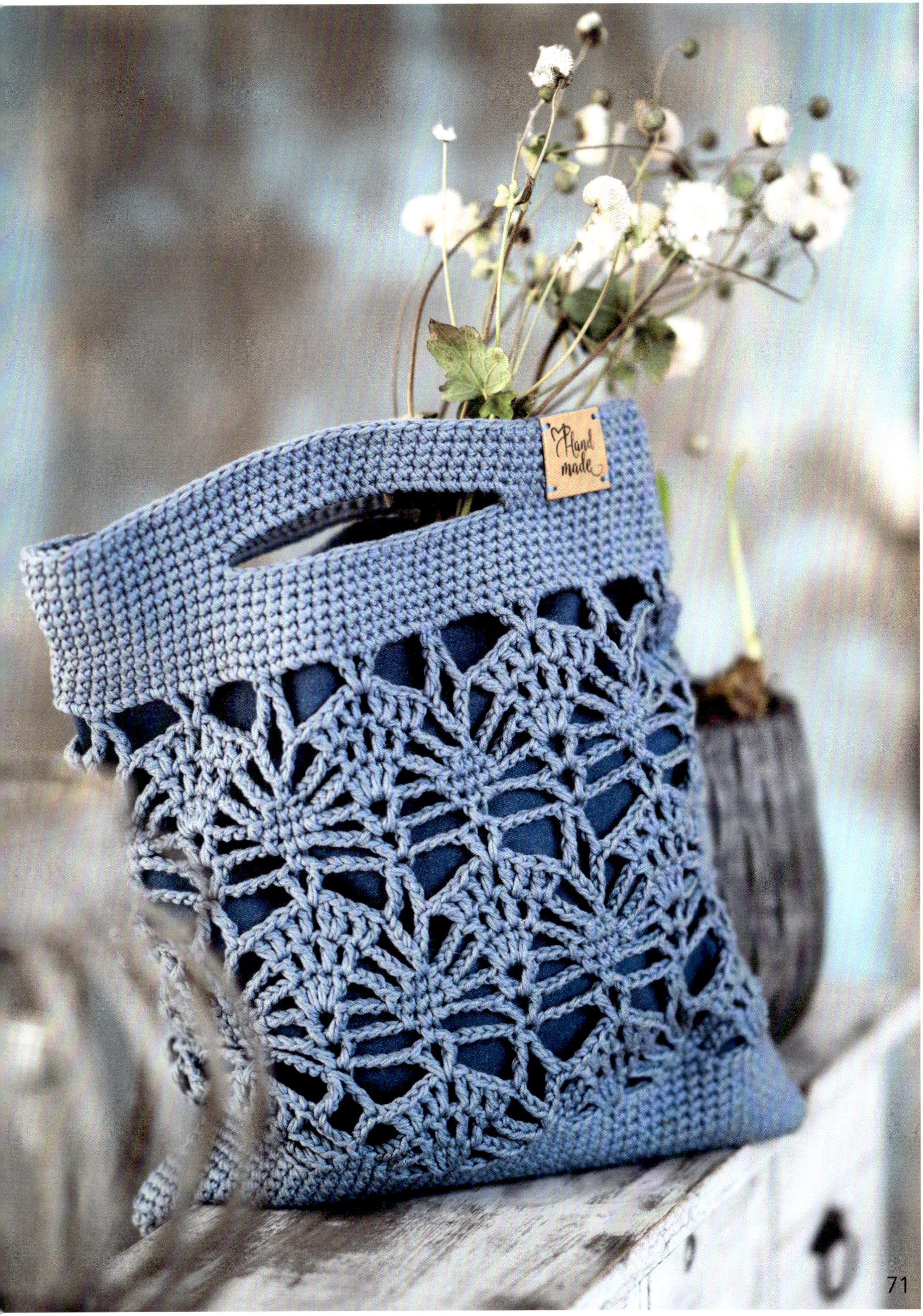
Hand
made

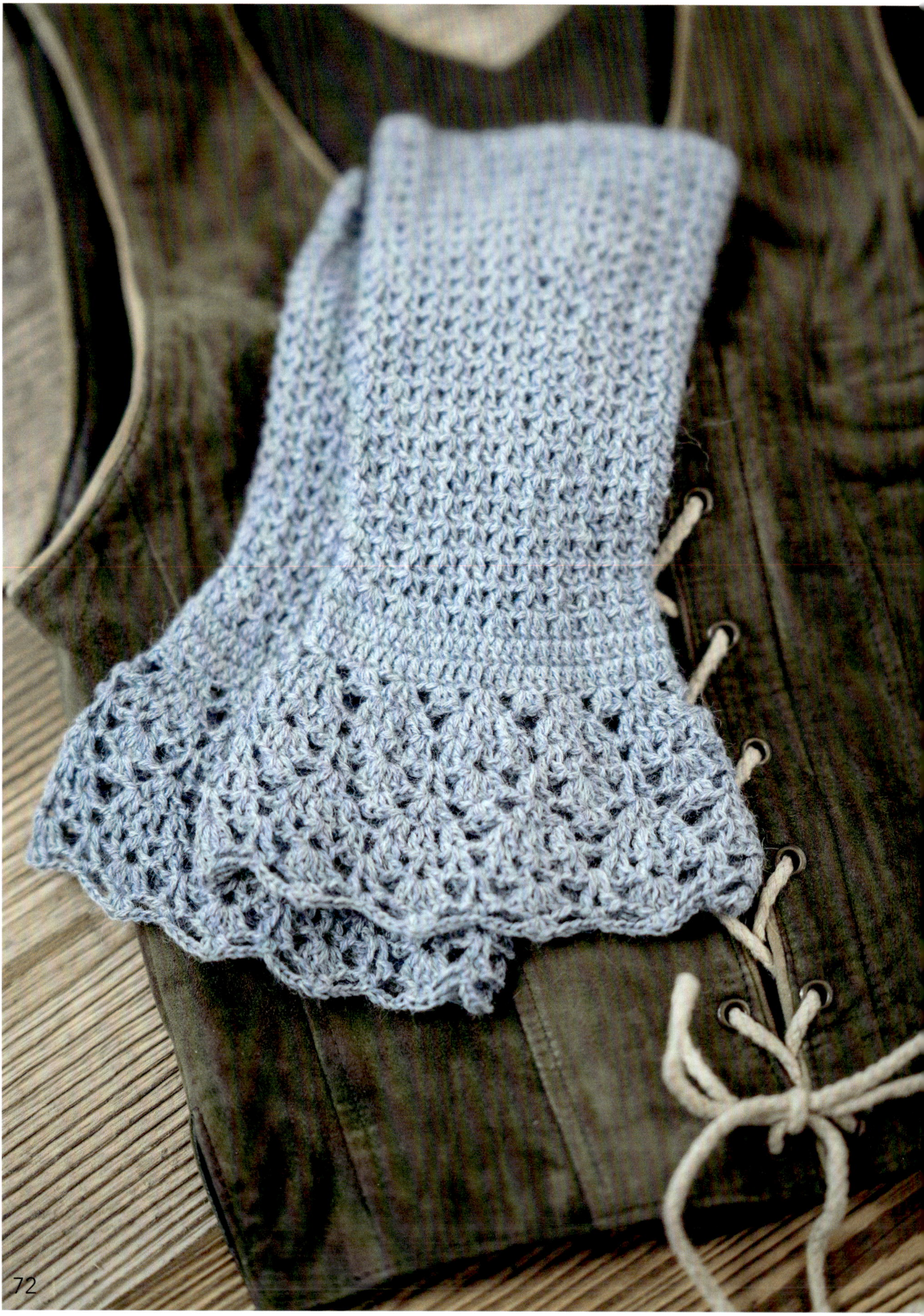

Armstulpen

Schwierigkeitsgrad: mittel

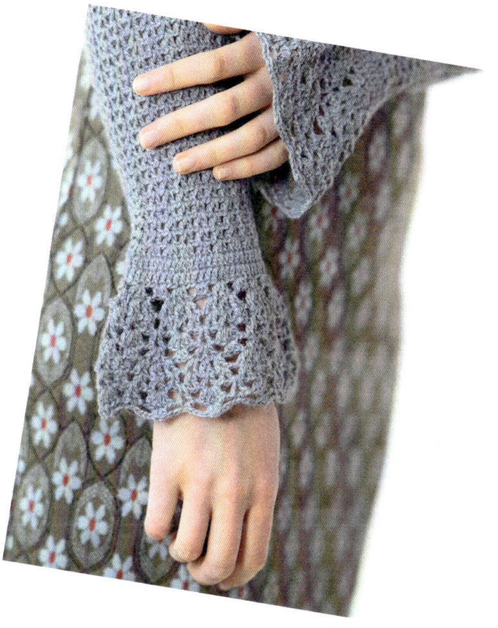

Ein luxuriöses Accessoire für Romantikerinnen! Diese butterweichen Armstulpen mit dem schmeichelnden Rüschenabschluss im Salugamuster von Seite 30 möchten Sie am liebsten gar nicht mehr ausziehen!

Größe:

Einheitsgröße
ca. 27 cm lang, 20 cm Umfang Handgelenk, 24 cm Umfang Unterarm

Material:

ggh Wolle Baby Alpaka Fino (100 % Baby Alpaka, LL 200 m/25 g): 100 g Hellblau (Fb 13); Häkelnadel in 2,0 mm; Vernähnadel.

Muster:

Schaftmuster in Runden:
Maschenzahl teilbar durch 3.

Nach Häkelschrift in Runden arbeiten. Jede Rd beginnt am rechten Pfeil mit der notierten Anzahl an Steige-Luftm und endet mit 1 oder mehreren Kettm. Den Rapport zwischen dem mittleren und dem linken Pfeil dabei stets wiederholen.

Die 1.-23. Runde 1x arbeiten.

Saluga-Rüschenkante in Runden:
Maschenzahl anfangs teilbar durch 6

Nach Häkelschrift in Runden arbeiten. Jede Rd beginnt am rechten Pfeil mit der notierten Anzahl an Steige-Luftm und endet mit 1 Kettm. Den Rapport zwischen dem mittleren und dem linken Pfeil dabei stets wiederholen.

Die 26.-34. Runde 1x arbeiten. Die 25. Runde wurde bereits gehäkelt und wurde zur besseren Übersichtlichkeit noch mit eingezeichnet.

Maschenprobe:

Schaftmuster mit doppeltem Faden: 30 Maschen und 12 Runden = 10 cm x 10 cm.

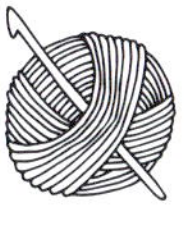

So wird's gemacht:

Mit doppeltem Faden 75 Luftm anschlagen und mit 1 Kettm zur Rd schließen.

23 Rd im Schaftmuster häkeln, dabei die Abnahmen in den Runden 9, 17 und 21 entsprechend der Häkelschrift arbeiten
(= 63 Maschen).

Für den Übergang zur Rüsche 2 Rd Stäbchen über alle M häkeln, dabei in der letzten Rd [das 20. und 21. Stäbchen zusammen abmaschen] 3x (= 60 Maschen).

Für die Rüschenkante im Salugamuster die 26.-34. Rd nach Häkelschrift arbeiten. Dann den Faden abschneiden und durchziehen. Beide Stulpen auf die gleiche Weise arbeiten.

Fertigstellung:
Alle Fäden vernähen.

Schaftmuster:

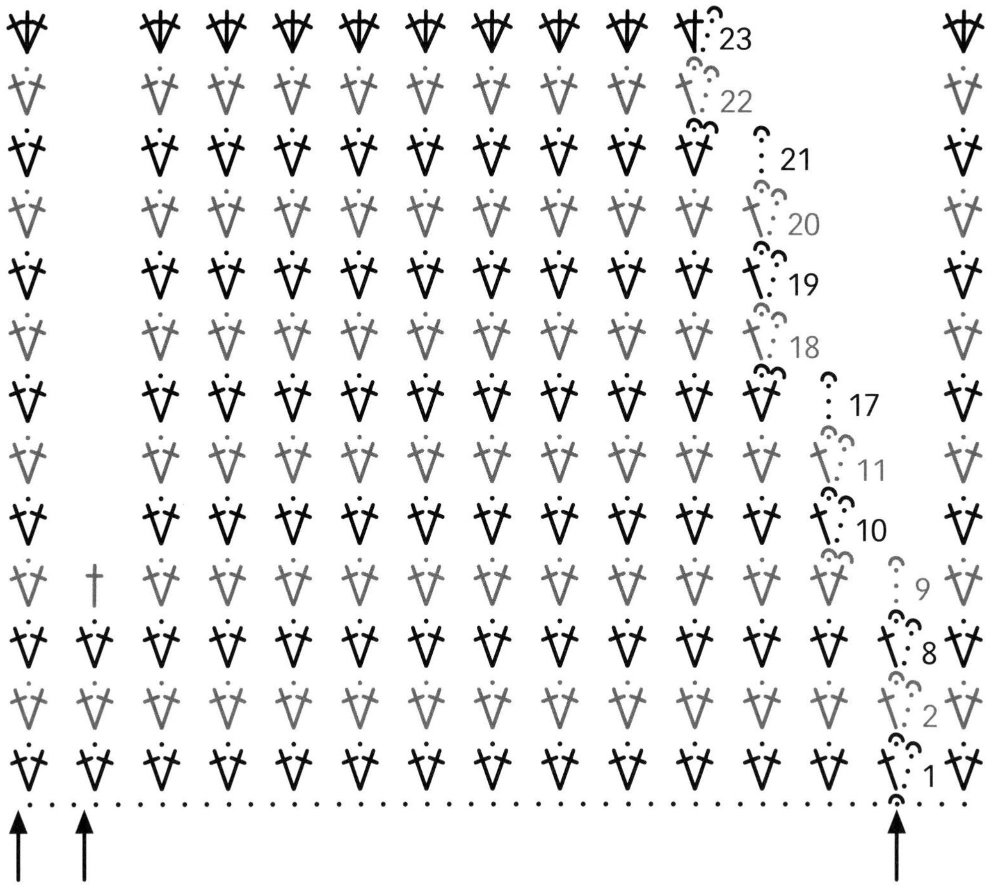

Rd-Beginn

Saluga-Rüschenkante:

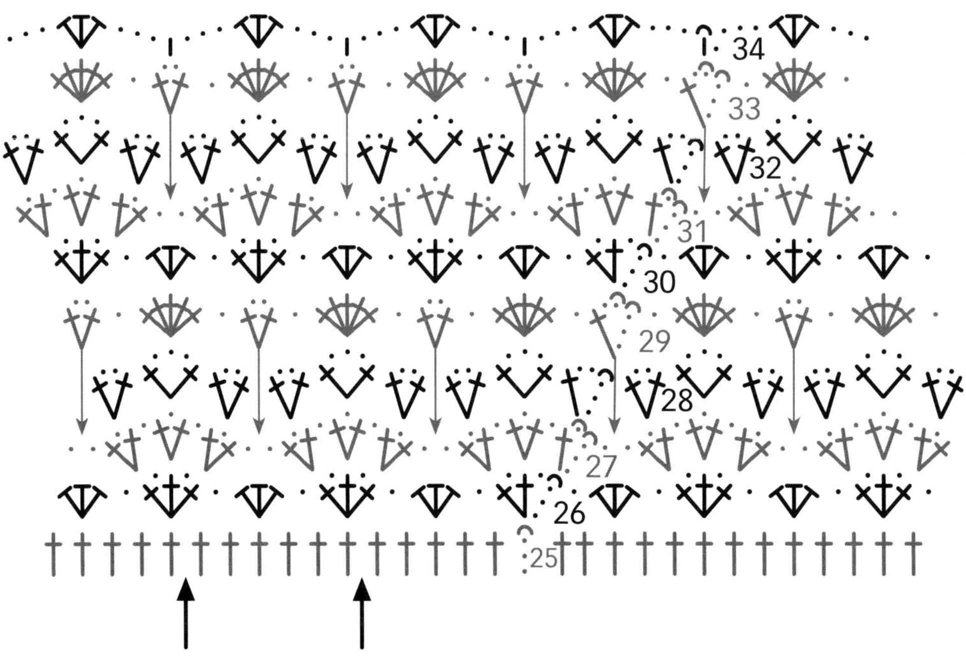

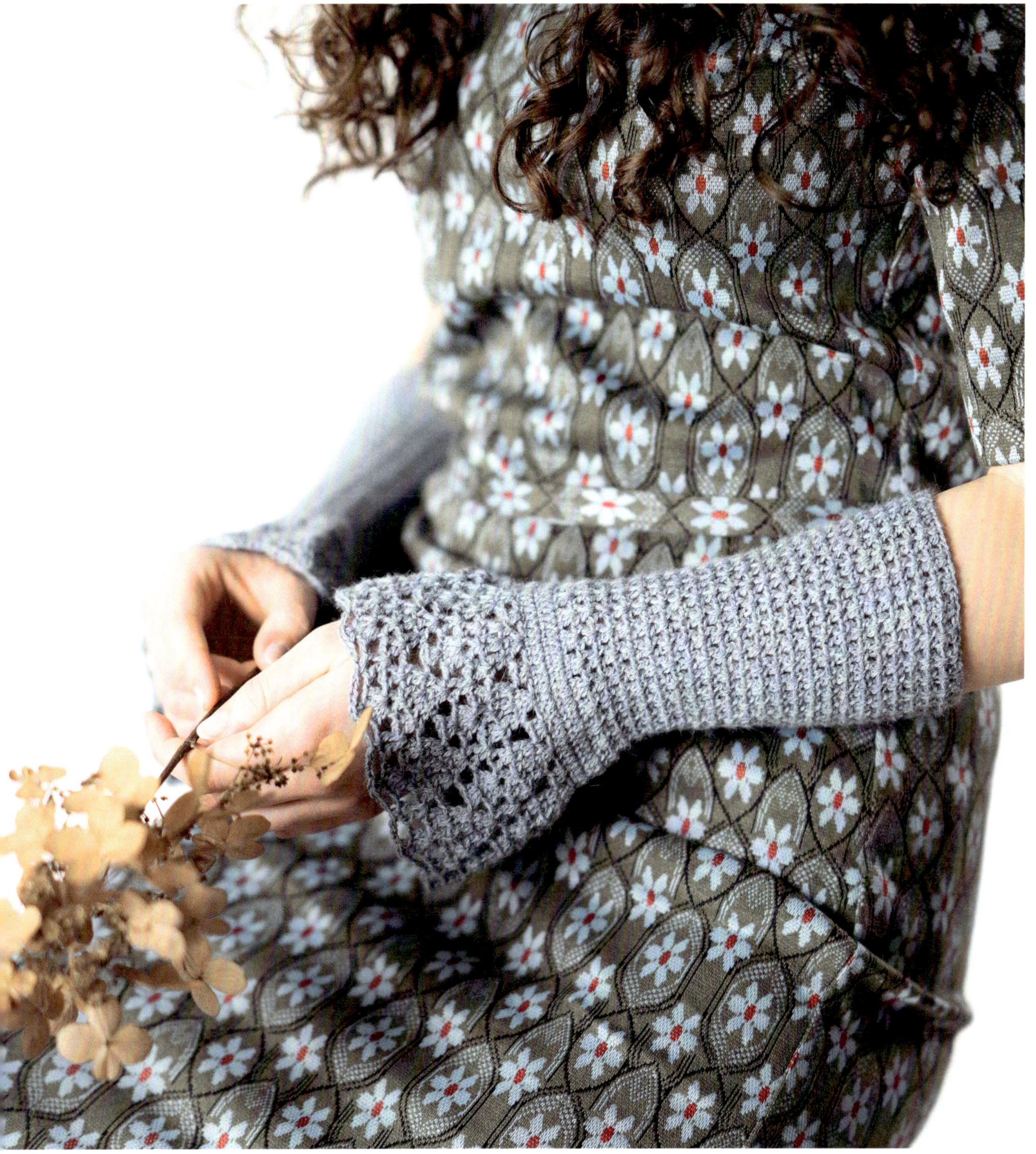

Zeichenerklärung

- · = 1 Luftmasche
- ⌒ = 1 Kettmasche
- ı = 1 feste Masche
- T = 1 halbes Stäbchen
- † = 1 Stäbchen

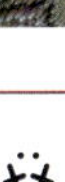 = (1 Stäbchen, 2 Luftmaschen, 1 Stäbchen) zwischen die beiden Stäbchen-Gruppen der Vorreihe

Laufen die Zeichen unten zusammen, werden die Maschen in dieselbe Einstichstelle gearbeitet.

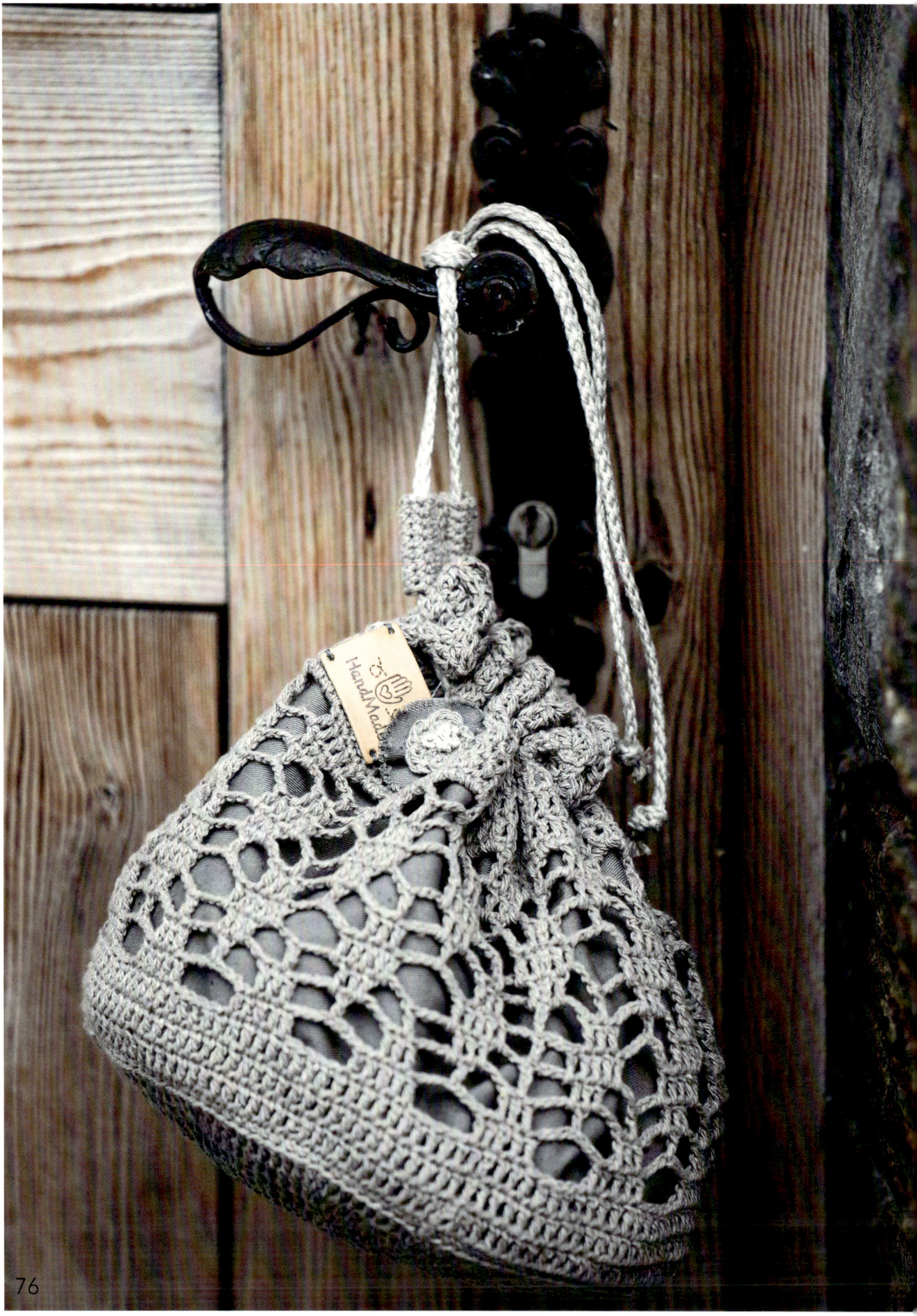
HandMade

Project Bag

Schwierigkeitsgrad: mittel

Hübsche Beutel zum sicheren Aufbewahren von Wolle, Nadeln & Co. kann man nie genug haben. In diesem Project Bag mit dem durchbrochenen Rautenmuster von Seite 34 sind ihre Handarbeiten gut verstaut.

Größe:

ca. 22 cm Durchmesser, 20 cm hoch

Material:

ggh Wolle Reva (95 % Baumwolle, 5 % andere Fasern, LL = 155 m/50 g): 100 g Taupe (Fb 002); Häkelnadel in 3,0 mm; ein Stück dicker Baumwollstoff in Taupe, 50 cm x 100 cm; 108 cm Kordel in Taupe; ein Lederlabel zum Aufnähen, 3 cm x 4 cm; Nähgarn in Taupe; Stecknadeln; Nähnadel; Vernähnadel.

Muster:

Rautenmuster in Runden:
Maschenzahl zunächst teilbar durch 9, ab Runde 15 teilbar durch 5.

Nach Häkelschrift in Runden arbeiten. Jede Rd beginnt am rechten Pfeil mit der notierten Anzahl an Steige-Luftm und endet mit 1 Kettm. In der 1.–10. Rd den Rapport zwischen dem mittleren und dem linken Pfeil dabei stets wiederholen, in der 11.–18. Rd das Muster bis zum Rd-Ende entsprechend fortsetzen.

Die 1.–18. Runde 1x arbeiten.

Blüte:
Mit einem Fadenring beginnen und 1 Rd nach Häkelschrift arbeiten, mit 1 Kettm in die 2. Steige-Luftm enden.

Maschenprobe:

18 Maschen x 10 Reihen = 10 cm x 10 cm.

So wird's gemacht:

Der Beutel wird in der Bodenmitte begonnen und in Runden in einem Stück gehäkelt.

Für den Boden mit einem Fadenring beginnen. **1. Runde:** 3 Luftm, 13 Stäbchen in den Fadenring, 1 Kettm in die 3. Anfangs-Luftm. **2. Runde:** 3 Luftm, 1 Stäbchen in die 3. Anfangs-Luftm der Vor-Rd, 13x jedes Stäbchen der Vor-Rd verdoppeln (= 2 Stäbchen in jedes Stäbchen der Vor-Rd arbeiten), 1 Kettm in die 3. Anfangs-Luftm (= 28 Maschen). **3. Runde:** 3 Luftm, 2 Stäbchen in das nächste Stäbchen der Vor-Rd, 13x jedes 2. Stäbchen verdoppeln, Kettm in die 3. Anfangs-Luftm der Vor-Rd (= 42 Maschen).

In allen weiteren Rd das 1. Stäbchen weiterhin durch 3 Luftm ersetzen und jede Rd mit einer Kettm in die 3. Anfangs-Luftm schließen. **4. Runde:** 14x jedes 3. Stäbchen verdoppeln (= 56 Maschen). **5. Runde:** 14x jedes 4. Stäbchen verdoppeln (= 70 Maschen). **6. Runde:** 14x jedes 5. Stäbchen verdoppeln (= 84 Maschen). **7. Runde:** 3 Luftm, 83 Stäbchen (= 84 Maschen). **8. Runde:** 14x jedes 6. Stäbchen verdoppeln (= 98 Maschen). **9. Runde:** 14x jedes 7. Stäbchen verdoppeln (= 112 Maschen). **10. Runde:** 14x jedes 8. Stäbchen verdoppeln (= 126 Maschen). **11. Runde:** 14x jedes 9. Stäbchen verdoppeln (= 140 Maschen).

Nun für die Seitenwand des Beutels wie folgt weiter gerade hoch häkeln: **12. Runde** (nur in das hintere M-Glied arbeiten): 2 Luftm, 139 feste M, 1 Kettm in die 2. Anfangs-Luftm (= 140 Maschen). **13. Runde:** 3 Luftm, 25 Stäbchen, 2 zusammen abgemaschte Stäbchen in die nächsten 2 M der Vor-Rd, * 26 Stäbchen, 2 zusammen abgemaschte Stäbchen; ab * noch 3x wiederholen, 1 Kettm in die 3. Anfangs-Luftm (= 135 Maschen). **14. und 15. Runde:** 3 Luftm, 134 Stäbchen, 1 Kettm in die 3. Anfangs-Luftm der Vor-Rd.

Dann 18 Runden im Rautenmuster nach Häkelschrift arbeiten. Anschließend den Faden abschneiden, durchziehen und alle Fäden vernähen.

Für das **Innenfutter** Boden und Seitenteil entsprechend den Maßangaben (Nahtzugabe von 1 cm bereits inklusive) zuschneiden (siehe Schnitt) und die Schnittkanten versäubern. Die beiden schmalen Kanten des Seitenteils rechts auf rechts aufeinanderlegen und die Naht mit 1 cm Nahtzugabe im Steppstich schließen. Dann die Unterkante des so entstandenen Ringes rechts auf rechts auf den Boden legen, mit Stecknadeln fixieren und rundherum mit 1 cm Nahtzugabe Boden und Seitenteile zusammennähen. Den Beutel nun auf rechts drehen und in den gehäkelten Beutel einpassen. Die linke Seite zeigt hierbei nach innen. Die Oberkante des Stoffbeutels 1 cm nach innen umklappen und am Oberrand der 14. Runde des Rautenmusters von innen festnähen.

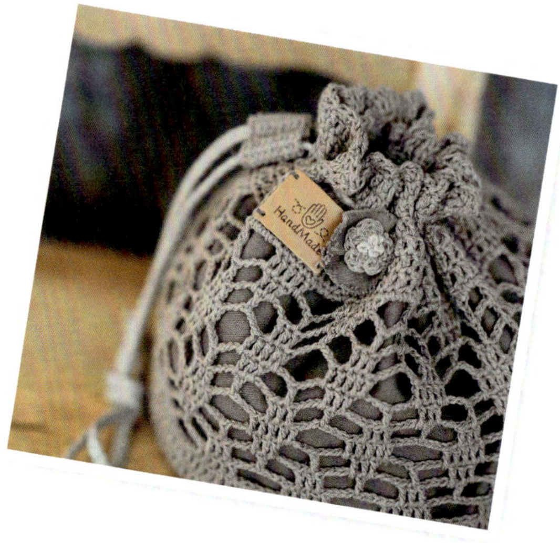

Rautenmuster:

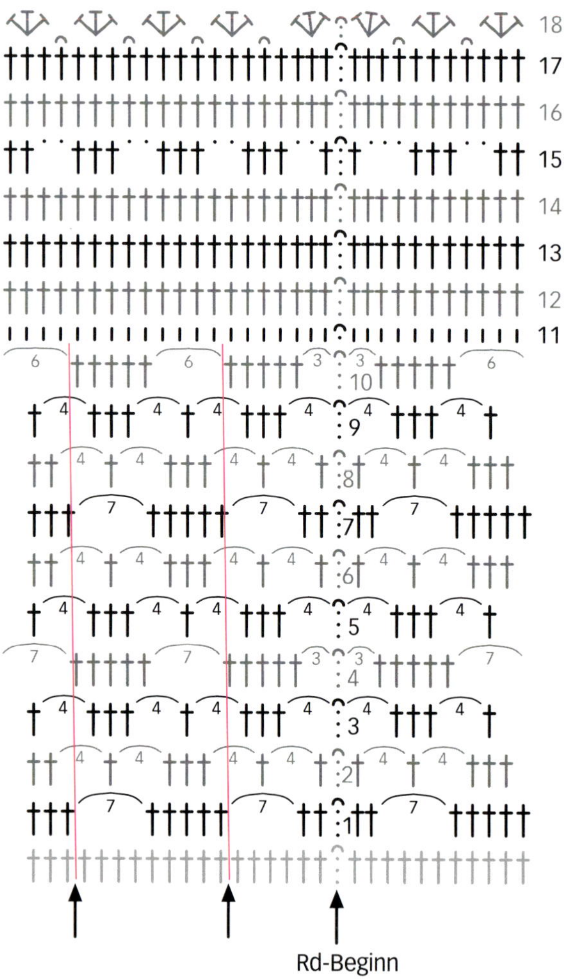

Für die **Blüte** aus den Stoffresten einen Kreis von 4,5 cm Durchmesser ausschneiden und die Ränder leicht ausfransen. Eine kleine Blüte nach Häkelschrift häkeln und anschließend alle Fäden vernähen. Die Blütenmitte je nach Belieben noch besticken. Den Stoffkreis in der Mitte leicht raffen und die Häkelblüte aufnähen.

Für den Kordelstopper 8 Luftm anschlagen. 1. Reihe: 1 Wende-Luftm, 8 feste M. **2.–15. Reihe:** Wie die 1. Reihe arbeiten. Dann den Faden ca. 20 cm lang abschneiden, aber noch nicht vernähen.
Das so entstandene Häkelstück so falten, dass die Anschlagskante und die Abschlusskante (= 15. Reihe) aneinander liegen und mit dem Endfaden zusammennähen. Den Faden nicht abschneiden. Den Stopper auf rechts drehen, so dass die Nahtkante senkrecht in der Mitte hinten liegt. Nun die Vorder und Rückseite senkrecht in der Mitte zusammennähen. Dann alle Fäden vernähen.

Fertigstellung:
Die Kordel durch die 15. Reihe fädeln und beide Enden durch den Stopper ziehen. Dann die Kordelenden jeweils am unteren Ende verknoten, so dass die Kordel nicht mehr durch den Stopper zurückrutschen kann. Anschließend noch Label und Blüte aufnähen.

Blüte:

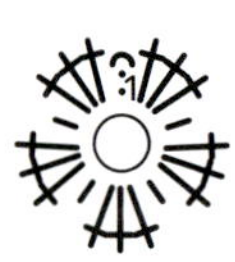

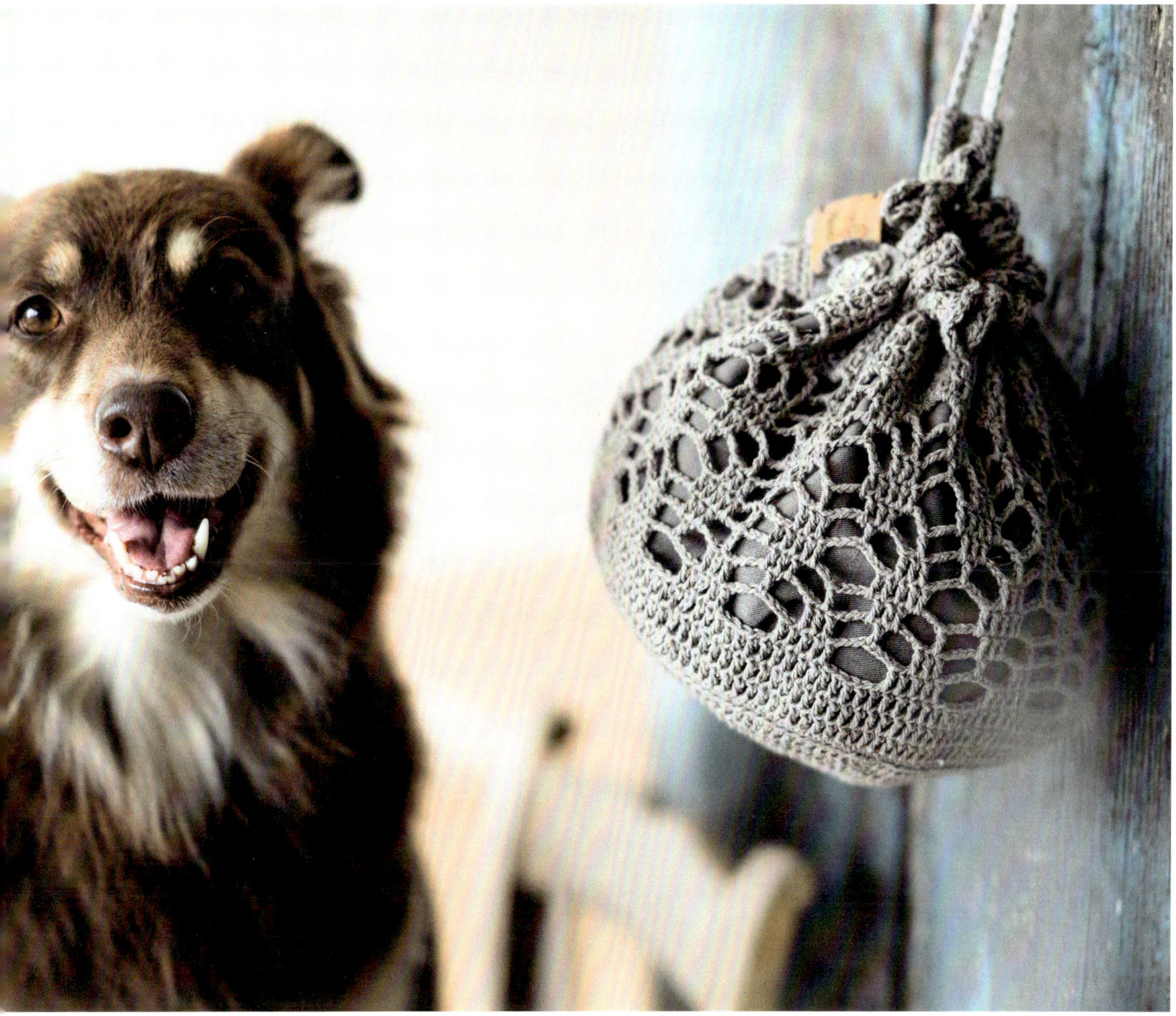

Zeichenerklärung

- ○ = 1 Fadenring
- · = 1 Luftmasche
- ◠ = 1 Kettmasche
- I = 1 feste Masche
- T = 1 halbes Stäbchen
- † = 1 Stäbchen
- ⌒3 = 1 Luftmaschenbogen aus 3 Luftmaschen
- ⌒4 = 1 Luftmaschenbogen aus 4 Luftmaschen
- ⌒6 = 1 Luftmaschenbogen aus 6 Luftmaschen
- ⌒7 = 1 Luftmaschenbogen aus 7 Luftmaschen

Laufen die Zeichen unten zusammen, werden die Maschen in dieselbe Einstichstelle gearbeitet.

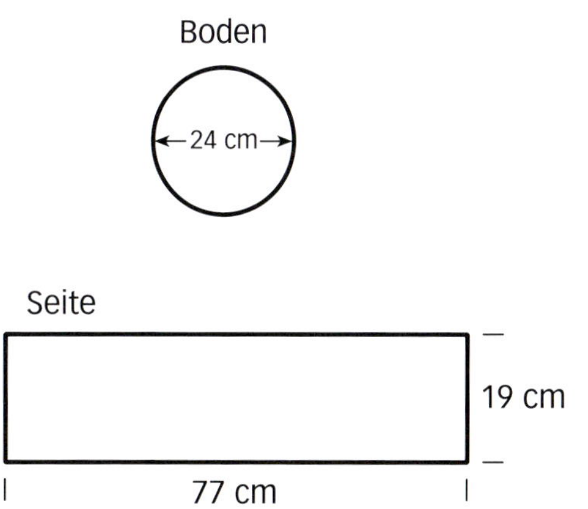

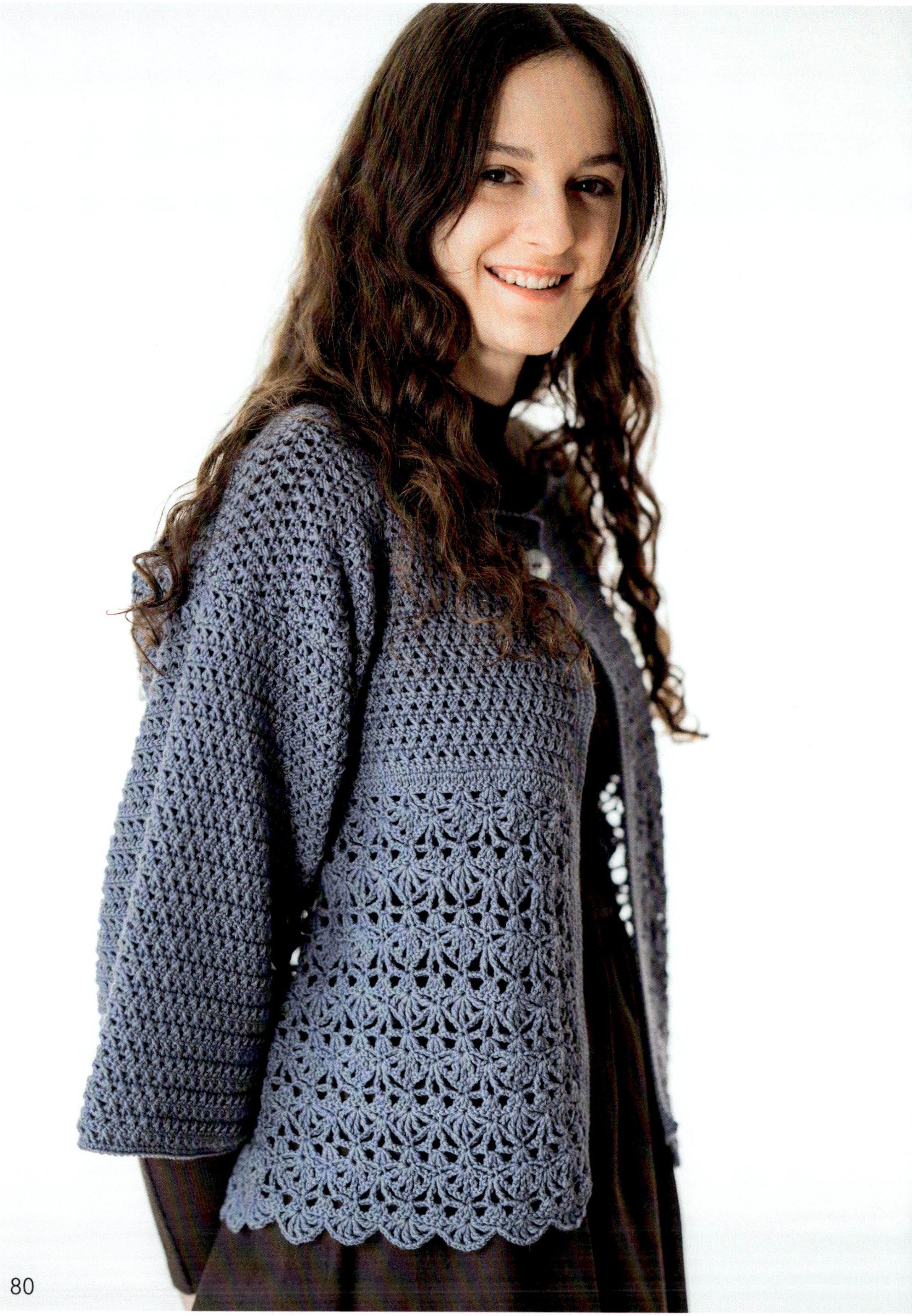

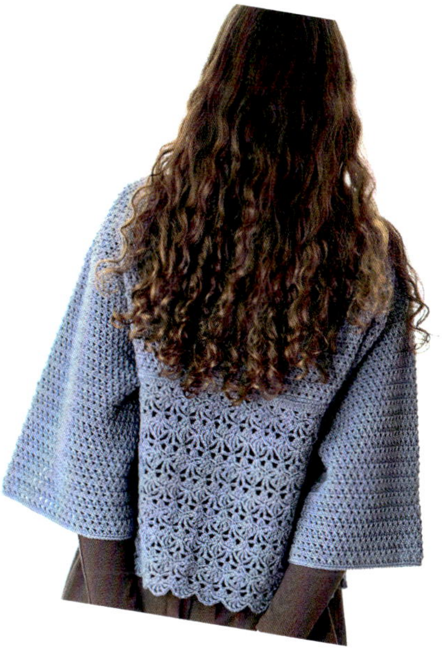

Kurze Jacke

Schwierigkeitsgrad: mittel

Die kurze Jacke im lässig-lockeren Look vereint ein plastisches Grundmuster mit dem luftigen Daliamuster von Seite 38 Der kastige Schnitt mit den weiten Ärmeln macht sie zum idealen Kombipartner.

Größe:

36/38

Material:

Lana Grossa Cool Wool (100 % Schurwolle (Merino), LL = 160 m/50 g): 600 g Graublau (Fb 2037); Häkelnadel in 3,0 mm; Vernähnadel; 1 Perlmuttknopf, 2 cm Durchmesser.

Muster:

Gekreuzte Stäbchen in Reihen:

Maschenzahl (Vorder- und Rückenpassen) teilbar durch 2.

1. Reihe (Hinreihe): 3 Wende-Luftm, ein Stäbchen in die letzte M der Vor-R arbeiten, * 1 M der Vor-R überspringen, 1 Stäbchen in die nächste M, dann das nächste Stäbchen (von vorne das soeben gehäkelte Stäbchen kreuzend) zurück in die übersprungene M der Vor-R arbeiten; ab * stets wiederholen, enden mit 1 Stäbchen in die erste M der Vor-R.
2. Reihe (Rückreihe): 3 Wende-Luftm, * 1 M der Vor-R überspringen, 1 Stäbchen in die nächste M der Vor-R, dann das nächste Stäbchen (von vorne das soeben gehäkelte Stäbchen kreuzend) zurück in die übersprungene M der Vor-R arbeiten; ab * stets wiederholen.
Die 1.-2. Reihe stets wiederholen.

Gekreuzte Stäbchen in gewendeten Runden:

Maschenzahl (Ärmel) teilbar durch 2 + 1 M.

Wie in der Beschreibung in Reihen arbeiten, jedoch jede Runde mit einer Kettm in die 3. Anfangs-Luftm schließen, mit 3 Wende-Luftm in die nächste Runde aufsteigen, dann wenden und die nächste Runde in die entgegengesetzte Richtung arbeiten.

Die 1.-2. Runde stets wiederholen.

Daliamuster

Maschenzahl teilbar durch 8 + 5 M.

Nach Häkelschrift arbeiten. Es sind alle Hin- und Rückreihen eines Höhenrapports notiert.

In den Hinreihen mit den M vor dem rechten Pfeil beginnen, den Rapport von 8 Maschen zwischen den Pfeilen stets wiederholen und mit den M nach dem linken Pfeil enden.
In den Rückreihen die Häkelschrift entsprechend von links nach rechts lesen.

Die 1.-8. Reihe arbeiten, dann die 3.- 8. Reihe stets wiederholen.

Maschenprobe:

Gekreuzte Stäbchen: 21 Maschen x 10 Reihen = 10 cm x 10 cm; **Daliamuster:** 21 Maschen x 9 Reihen = 10 cm x 10 cm.

So wird's gemacht:

Für die **Rückenpasse** 98 Luftm + 1 Wende-Luft anschlagen und 1 R feste M arbeiten. Dann 21 R (= 21 cm) gekreuzte Stäbchen arbeiten. Für den rückwärtigen Halsausschnitt in der folgenden Rück-R die mittleren 42 M (= 20 cm) wie folgt unbearbeitet lassen: Zunächst für die linke Schulter über 28 M gekreuzte Stäbchen arbeiten, dann mit 3 Wende-Luftm wenden und die Schulter mit weiteren 2 Reihen fertighäkeln (= 24 Reihen). Den Faden abschneiden und durchziehen. Für die rechte Schulter in der 22. Reihe die mittleren 42 M überspringen, den Faden neu anschlingen und die R über die letzten 28 M mit gekreuzten Stäbchen beenden. Mit 3 Wende-Luftm wenden und 2 weitere R arbeiten. Dann den Faden abschneiden und durchziehen. Anschließend alle Fäden vernähen.

Für die **rechte Vorderpasse** 50 Luftm anschlagen, zunächst 1 R feste M, dann 17 R (= 17 cm) gekreuzte Stäbchen arbeiten. Für die rechte Schulter ab der 18. R (Rückreihe) nur über 28 M weiterarbeiten und noch 7 R (= 7 cm) bis zu einer Höhe von insgesamt 24 cm (= 24 R) häkeln. Den Faden abschneiden und durchziehen.

Die **linke Vorderpasse** gegengleich arbeiten. Dabei für die linke Schulter in der 18. R zunächst 22 M überspringen und an der 23. M neu anschlingen und über diese R gekreuzte Stäbchen arbeiten: Für die Schulterpasse weitere 7 R (= 7 cm) bis zu einer Gesamthöhe von 24 cm (= 24 R) arbeiten. Den Faden abschneiden und durchziehen. Alle Fäden vernähen und die Schulternähte schließen.

Die Seitennähte bleiben offen, hier werden später die Ärmel angehäkelt. Am jeweils unteren Ende der Seiten die Vorder- und Rückenpasse provisorisch zusammenheften, um das Weiterarbeiten zu erleichtern.

Den **unteren Abschnitt** der Jacke (Vorder- und Rückenteil) in einem Stück von oben nach unten direkt am Anschlagsrand der Passe anhäkeln: Zunächst aus dem unteren Anschlagsrand gleichmäßig verteilt 213 feste M heraushäkeln. Dazu am rechten unteren Ende der linken Vorderpasse neu anschlingen und über die linke Vorderpasse, die Rückenpasse und die rechte Vorderpasse häkeln. Anschließend 24 R (= 28 cm) im Daliamuster nach Häkelschrift arbeiten.

Für den **linken Ärmel** am unteren linken Seitenrand der linken Vorderpasse neu anschlingen und den Seitenrand der linken Vorderpasse sowie den linken Seitenrand der Rückenpasse mit 1 Rd bestehend aus 101 festen M umhäkeln. Die Rd mit 1 Kettm in die 1. feste M schließen und 33 gewendete Rd gekreuzte Stäbchen arbeiten. Anschließend noch 1 Rd feste M arbeiten. Dann den Faden abschneiden und durchziehen.

Den rechten Ärmel ebenso arbeiten.

Fertigstellung:
Für die vordere Abschlussblende am oberen Ende des linken Vorderteiles neu anschlingen und an der Kante nach unten 1 R aus 102 festen M (Hinreihe) arbeiten. Noch 4 weitere R feste M entlang der Kante häkeln, dabei **in der 2. Reihe (Rückreihe)** nur in das vordere M-Glied der festen M der Vor-R einstechen, **in den 3 folgenden R** jedoch in das ganze M-Glied der Vor-R einstechen. Dann den Faden abschneiden und durchziehen.

Die Knopfblende an der rechten Kante ebenso arbeiten und für das **Knopfloch** in der **3. Reihe (Hinreihe)** 10 M vor R-Ende mit 4 Luftm 4 M der Vor-Reihe überspringen, dann in die restlichen 6 M je 1 feste M arbeiten. In der nächsten R 4 feste M um die 4 Knopfloch-Luftm der Vor-R arbeiten. In der letzten R nur feste M über alle M arbeiten. Dann den Faden abschneiden und durchziehen.

Für die **Ausschnittkante** an der oberen Ecke der rechten Blende neu anschlingen und 1 R feste M (Hinreihe) über die Oberkante der rechten Blende, des vorderen rechten Ausschnitts, der Schulterkante, des hinteren Ausschnitts, der Schulterkante, des vorderen linken Ausschnitts und der Oberkante der linken Blende häkeln. 1 Luftm häkeln und als Abschluss 1 R Krebs-M (siehe Seite 10) arbeiten.

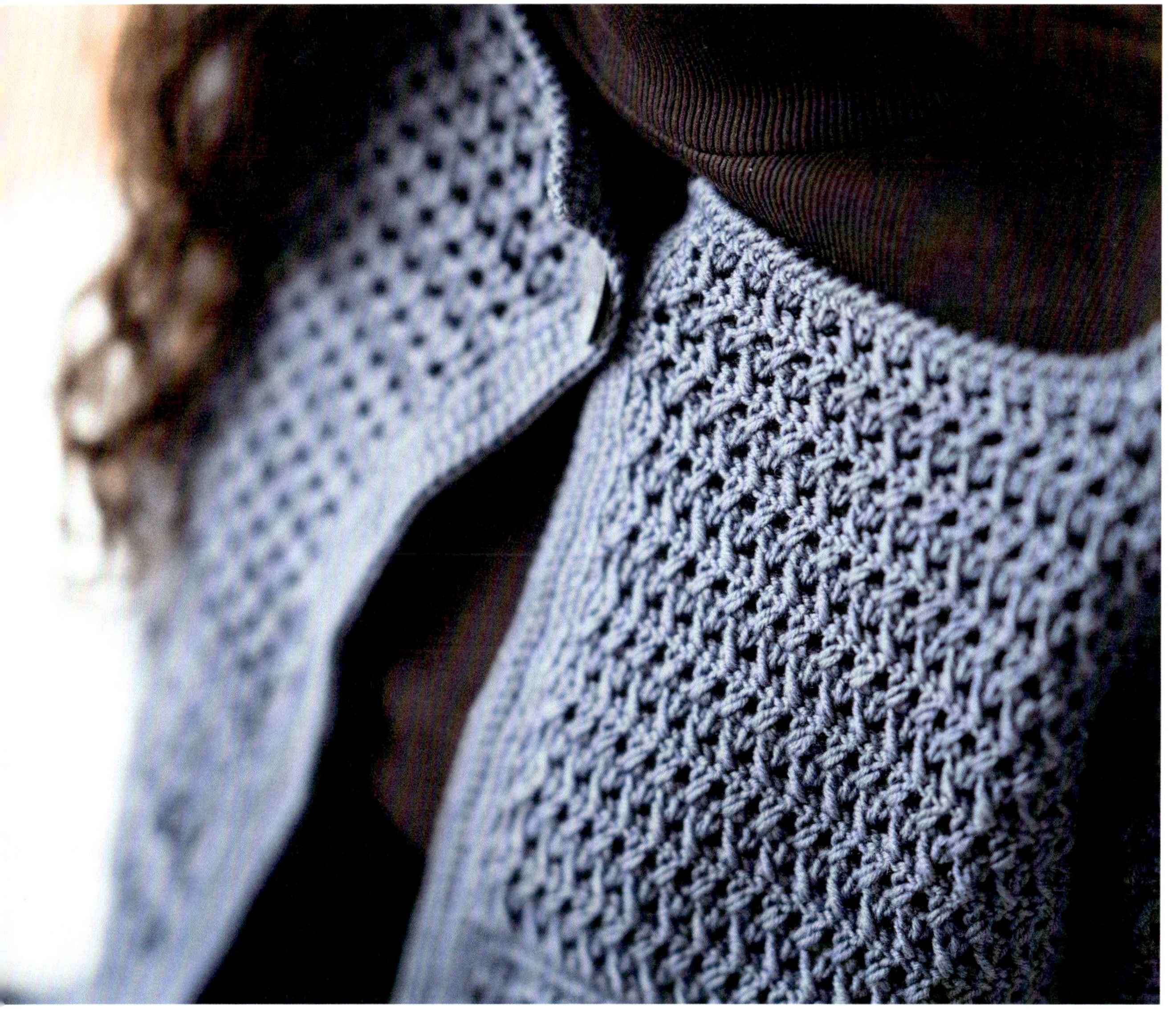

Dann den Faden abschneiden und durchziehen. Alle Fäden vernähen und den Knopf an der linken Knopfblende auf der entsprechenden Höhe annähen.

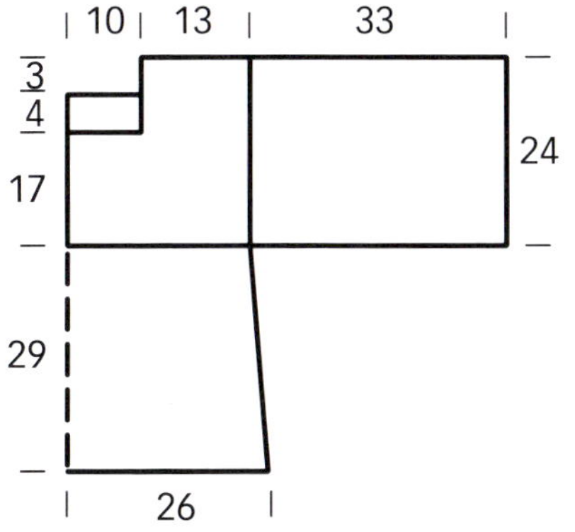

Daliamuster:

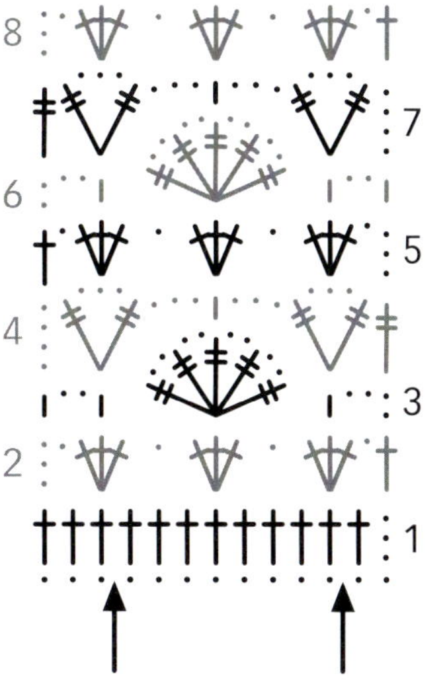

Zeichenerklärung

- = 1 Luftmasche
- = 1 feste Masche
- = 1 Stäbchen
- = 1 Doppel-Stäbchen

Laufen die Zeichen unten zusammen, werden die Maschen in dieselbe Einstichstelle gearbeitet.

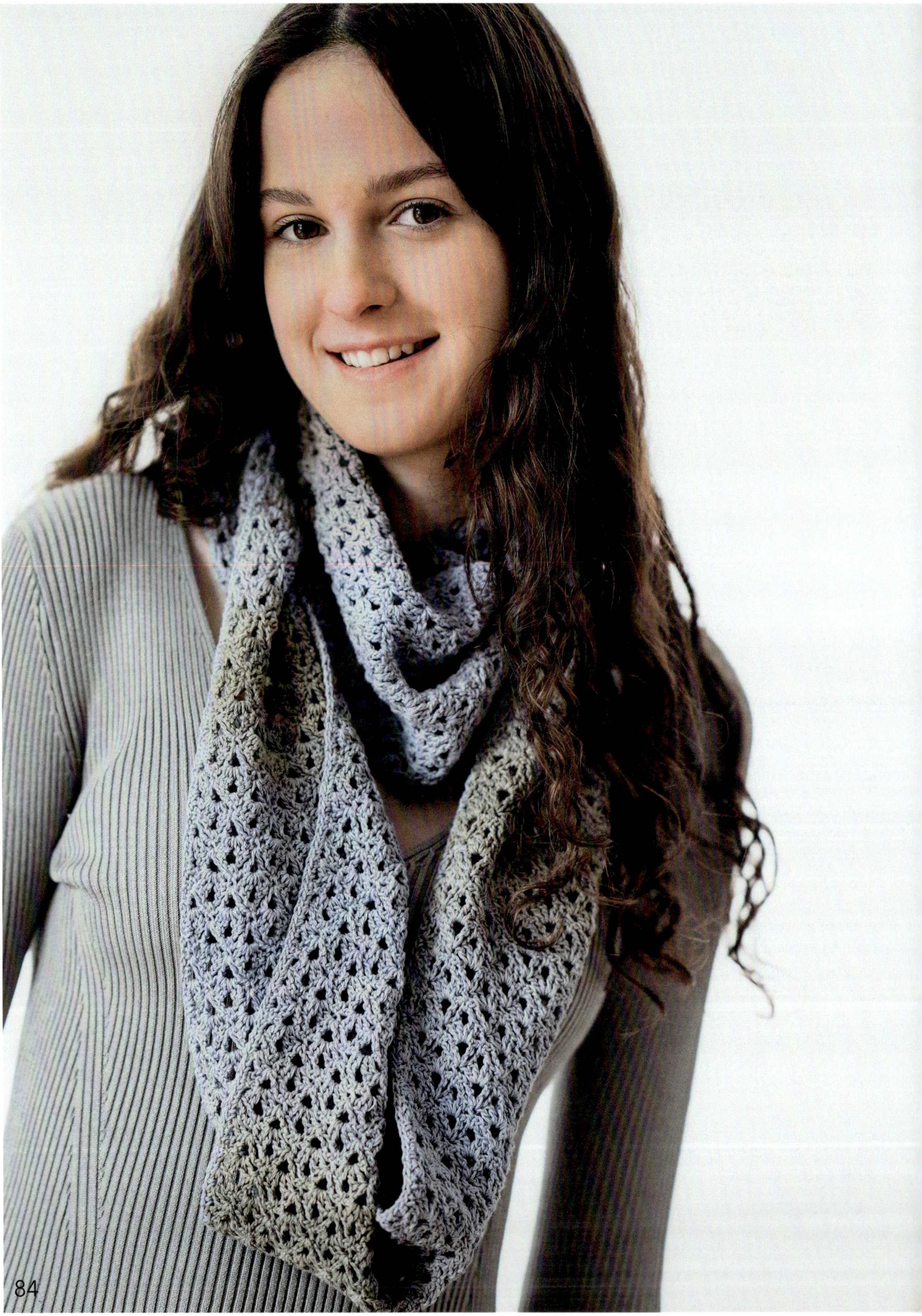

Loopschal

Schwierigkeitsgrad: einfach

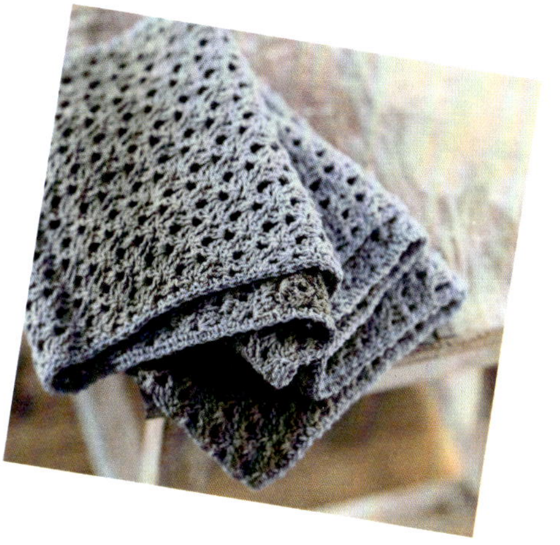

Dieser sommerliche Loopschal mit interessantem Farbverlauf kann dank seiner Maxilänge locker oder auch etwas enger um den Hals getragen werden. Das einfache HipHop-Muster von Seite 42 geht beim Häkeln leicht von der Hand und besticht trotzdem durch die abwechslungsreiche Optik.

Größe:

ca. 18 cm breit, 162 cm Umfang

Material:

ggh Wolle Calypso (100 % Baumwolle, LL = 185 m/50 g): 200 g Himmelblau-Moosgrün (Fb 13); Häkelnadel in 2,0 mm; Vernähnadel.

Muster:

HipHop-Muster:
Maschenzahl teilbar durch 6 + 1 M.

Nach Häkelschrift arbeiten.

In den Hinreihen mit den M vor dem rechten Pfeil beginnen, den Rapport zwischen den Pfeilen stets wiederholen und mit den M nach dem linken Pfeil enden.
In den Rückreihen die M entsprechend von links nach rechts lesen.

Die 1.-5. Reihe 1x arbeiten, dann die 2.-5. Reihe stets wiederholen.

Maschenprobe:

30 Maschen x 12 Reihen = 10 cm x 10 cm.

So wird's gemacht:

49 Luftm anschlagen und 204 R im Hip-Hop-Muster nach Häkelschrift häkeln. Die schmalen Kanten des Schals rechts auf rechts aufeinanderlegen und zusammennähen.

Fertigstellung:
Die beiden langen Kanten des Loopschals wie folgt umhäkeln: An der Nahtkante neu anschlingen, 1 Luftm, * 1 feste M, 1 Luftm; ab * stets wiederholen, 1 Kettm in die 1. feste M.

Dann alle Fäden vernähen.

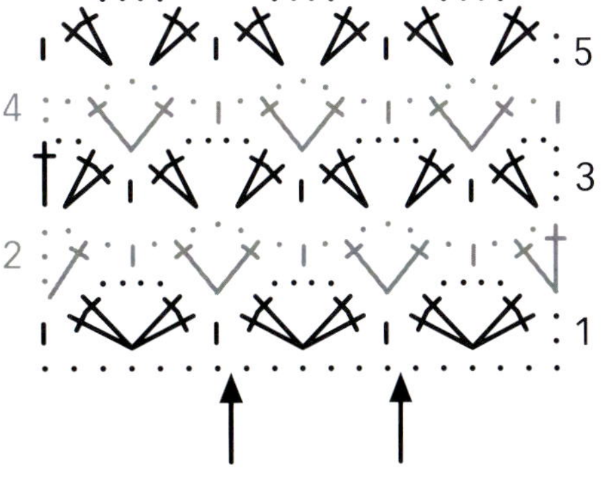

Zeichenerklärung

· = 1 Luftmasche

ı = 1 feste Masche

† = 1 Stäbchen

Laufen die Zeichen unten zusammen, werden die Maschen in dieselbe Einstichstelle gearbeitet.

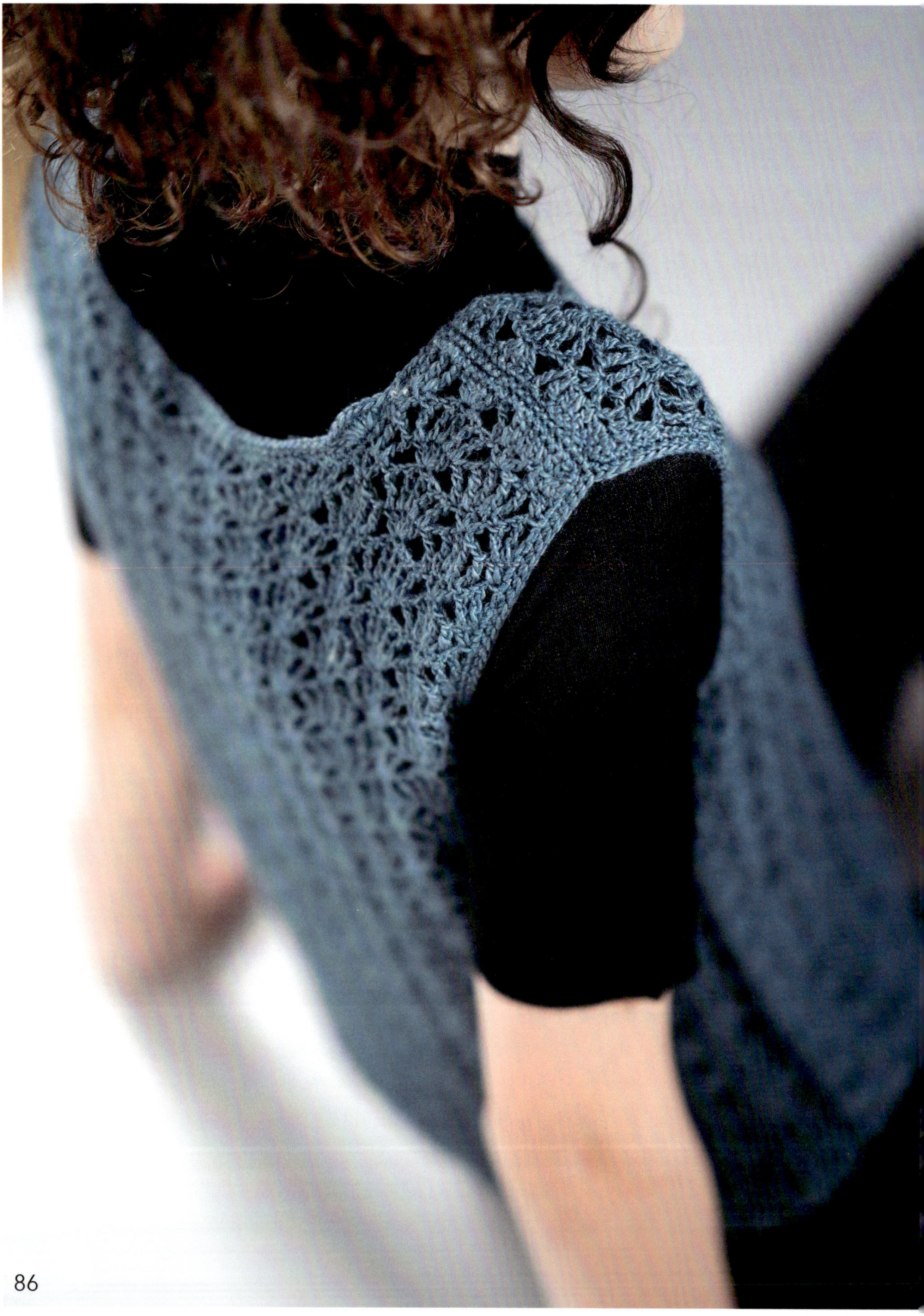

Pullunder

Schwierigkeitsgrad: schwierig

Zart und luftig präsentiert sich dieser Pullunder mit figurnahem Schnitt. Für das gewisse Extra sorgt die Kombination aus interessantem Silberdistelmuster von Seite 46 und sanftem Schimmer des luxuriösen Alpaka-Seiden-Garns. Ein echtes Traumteil!

Größe:

36/38

Material:

Lana Grossa Lace Seta Mulberry (35 % Seide, 35 % Baby Alpaka, 30 % Schurwolle, LL = 175 m/50 g): 200 g Dunkelpetrol (Fb 18); Häkelnadel in 3,0 mm; Vernähnadel.

Muster:

Silberdistelmuster:
Maschenzahl teilbar durch 10 + 1 M.

Nach Häkelschrift arbeiten.

In den Hinreihen mit den M vor dem rechten Pfeil beginnen, den Rapport zwischen den Pfeilen stets wiederholen und mit den M nach dem linken Pfeil enden.
In den Rückreihen die M entsprechend von links nach rechts lesen.

Die 1.-3. Reihe 1x arbeiten, dann die 2.-3. Reihe stets wiederholen.

Passe und linke Schulter:
Nach Häkelschrift arbeiten.

Für die Passe mit der 26. Reihe als Rück-R beginnen, zur besseren Übersicht ist die bereits gehäkelte 25. Reihe noch mit eingezeichnet: Den Faden an * neu anschlingen, die Häkelschrift von links nach rechts lesen, mit den M vor dem linken Pfeil beginnen, den Rapport zwischen den 2 Pfeilen stets wiederholen und mit den M nach dem rechten Pfeil enden.

In den Hinreihen die M entsprechend von rechts nach links lesen.

Die 26.-30. Reihe 1x arbeiten, dann die 29.-30. Reihe beim Vorderteil noch 3x, beim Rückenteil noch 4x wiederholen.

Anschließend **für die linke Schulter** nur über die gezeichneten M ohne Rapport für das Vorderteil die 37.-41. Reihe, für das Rückenteil 1x die 37.-38. Reihe und noch 1x die 41. Reihe arbeiten.

Rechte Schulter:
Mit der 37. Reihe als Hin-R beginnen, zur besseren Übersicht ist die bereits gehäkelte 36. Reihe noch mit eingezeichnet: Den Faden an * neu anschlingen, die Häkelschrift von rechts nach links lesen und 1x die notierten M ohne Rapport arbeiten.

In den Rückreihen die M entsprechend von links nach rechts lesen.

Für das Vorderteil die 37.-41. Reihe 1x arbeiten, für das Rückenteil 1x die 37.-38. Reihe und noch 1x die 41. Reihe arbeiten.

Halsausschnittkante:
Die Häkelschrift zeigt die Position der Eck-Muscheln. Die Halsausschnittkante arbeiten, wie in der Anleitung beschrieben.

Maschenprobe:

20 Maschen x 8 Reihen = 10 cm x 10 cm.

So wird's gemacht:

Für das **Vorderteil** 91 Luftm M + 1 Wende-Luftm anschlagen und zunächst 1 R (= Rückreihe) feste M häkeln (= 91 Maschen). Dann 25 R im Silberdistelmuster nach Häkelschrift arbeiten. Die letzte R ist eine Hin-R. Den Faden abschneiden und durchziehen.

Die Arbeit wenden und **Passe und linke Schulter** nach Häkelschrift arbeiten, dazu den Faden an * neu anschlingen und die 26.-41. Reihe häkeln. Dann den Faden durchziehen.

Die **rechte Schulter** mit einer Hin-R beginnen, dazu den Faden an * neu anschlingen und die 37.–41. Reihe nach Häkelschrift arbeiten. Anschließend den Faden nicht abschneiden, sondern das gesamte Vorderteil mit 1 Rd feste M umhäkeln. Dann den Faden abschneiden und durchziehen.

Das **Rückenteil** wie das Vorderteil bis zur 36. R, dann die 29.–30. Reihe noch 1x wiederholen. Dann für die **rechte Schulter** weiter nach Häkelschrift wie für das Vorderteil, jedoch nur die 1x die 37.–38. Reihe und noch 1x die 41. Reihe arbeiten. Für die **linke Schulter** wie für die linke Schulter des Vorderteils nach Häkelschrift, jedoch nur 1x die 37.–38. Reihe und noch 1x die 41. Reihe arbeiten. Anschließend das fertige Rückenteil ebenfalls mit 1 Rd feste M umhäkeln. Den Faden abschneiden und durchziehen.

Silberdistelmuster:

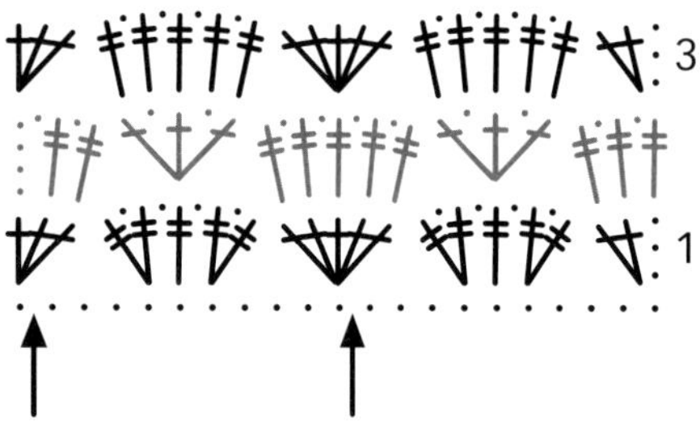

Rechte Schulter:

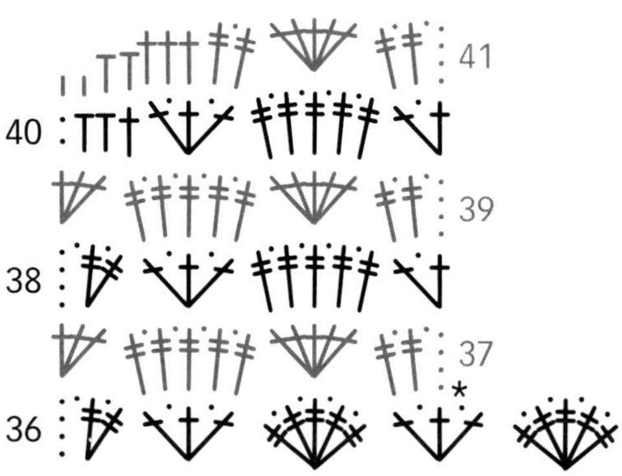

Fertigstellung:
Alle Fäden vernähen. Vorder- und Rückenteil rechts auf rechts aufeinanderlegen und die Schulter- und Seitennähte schließen. Den Pullunder wieder auf rechts drehen und die Armausschnitte jeweils mit 1 Rd feste M umhäkeln. Die Kante des Halsausschnittes wie folgt umhäkeln: Den Faden in der hinteren Mitte neu anschlingen und wie folgt in Rd arbeiten: **1. Runde:** feste M häkeln. **2. Runde:** * 1 feste M, 1 Luftmasche; ab * stets wiederholen und in die 4 Ecken jeweils 1 Muschel aus 7 Stäbchen arbeiten, wie in der Häkelschrift notiert. Dann alle Fäden vernähen.

Den fertigen Pullunder anfeuchten und in Form spannen.

Passe und linke Schulter:

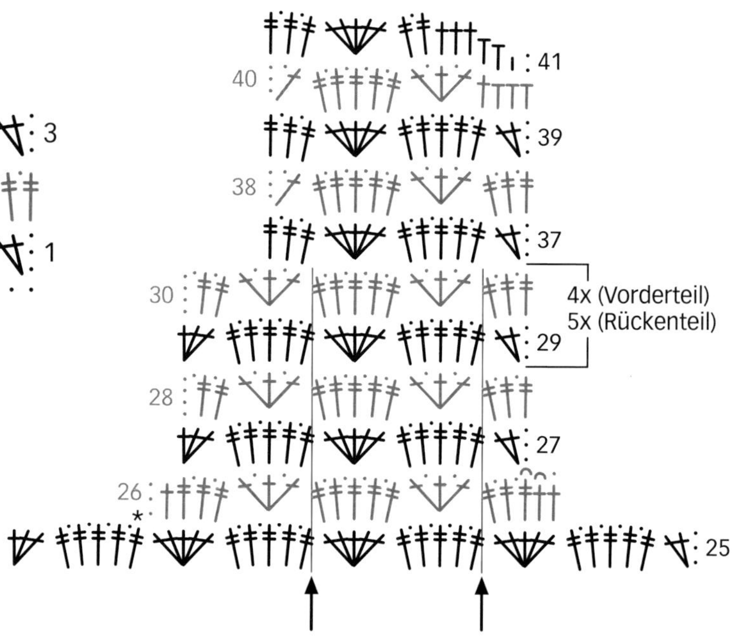

Halsausschnittkante:

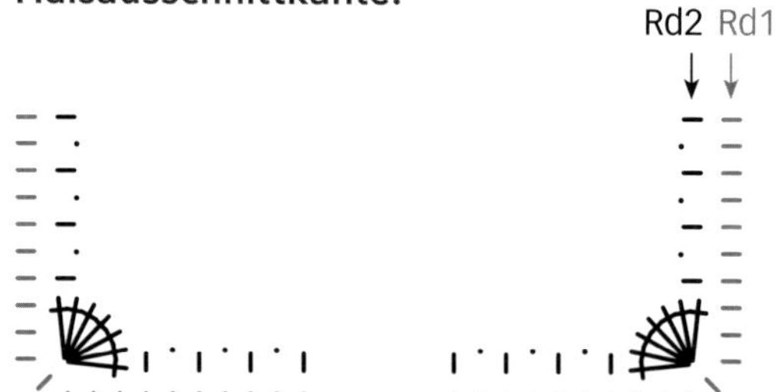

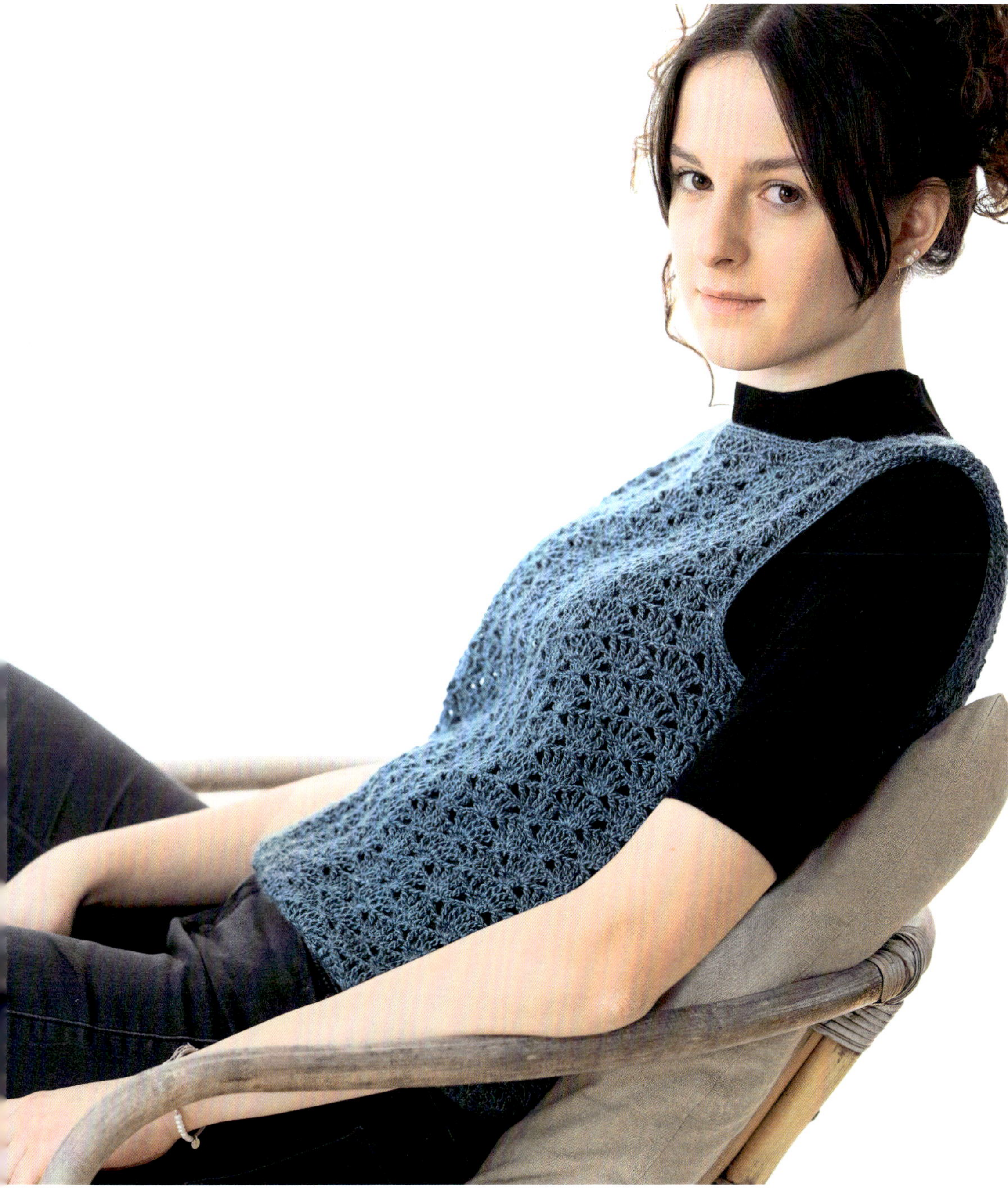

Zeichenerklärung

- · = 1 Luftmasche
- ⌒ = 1 Kettmasche
- ı = 1 feste Masche
- T = 1 halbes Stäbchen
- † = 1 Stäbchen
- ǂ = 1 Doppel-Stäbchen

Laufen die Zeichen unten zusammen, werden die Maschen in dieselbe Einstichstelle gearbeitet.

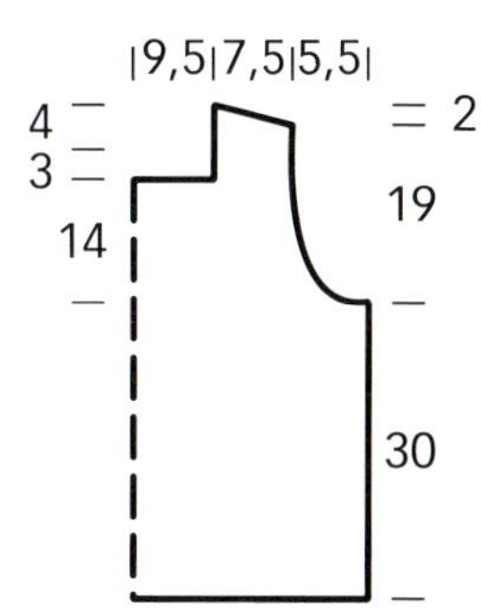

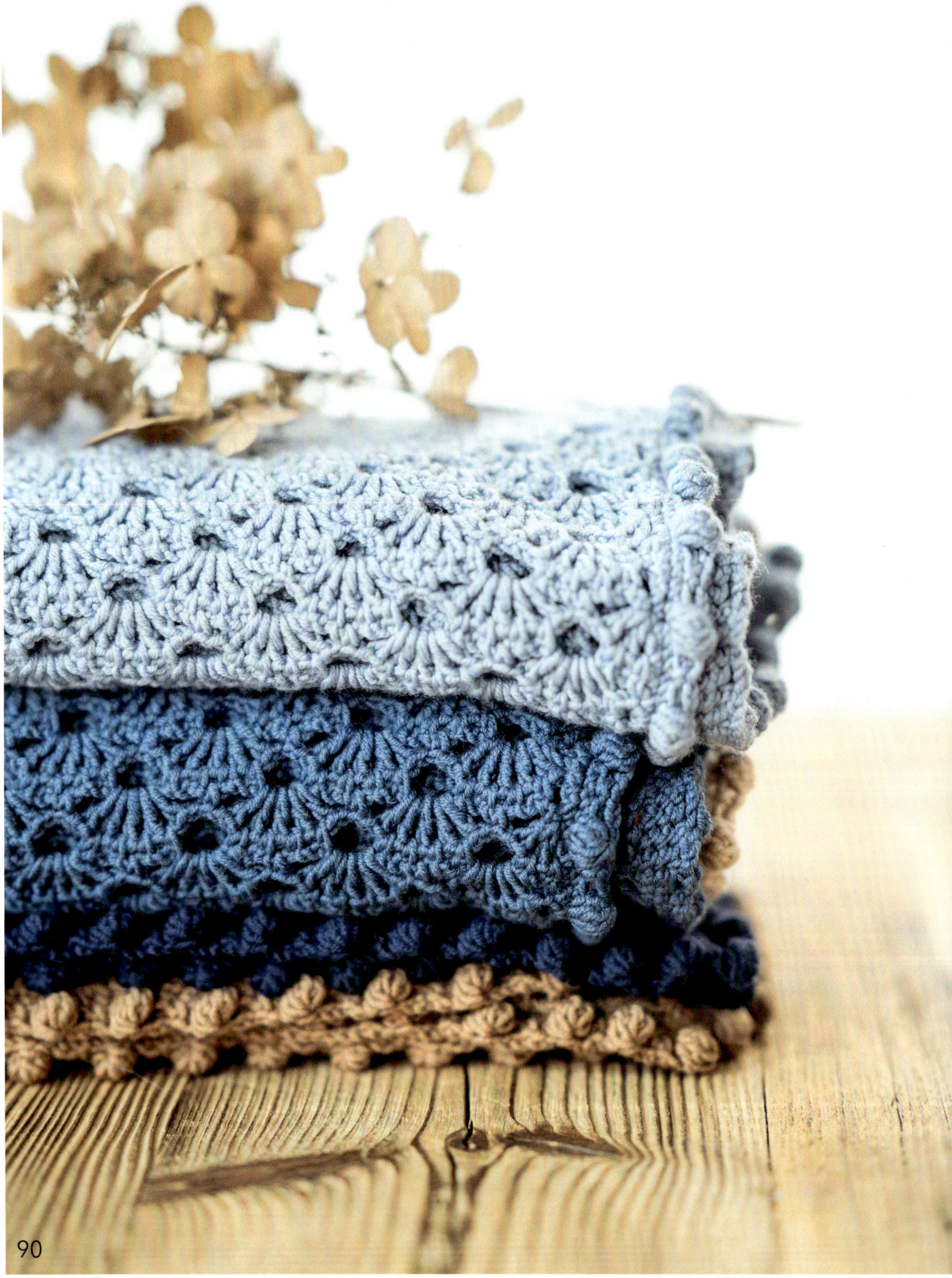

Decke

Schwierigkeitsgrad: leicht

Eine kuschelige Decke schafft kleine Auszeiten auf dem Sofa besonders gemütlich. Die Streifendecke in harmonisierenden Wohlfühlfarben ist dabei durch das Sonnenaufgangmuster von Seite 50 ein echter Eyecatcher.

Größe:

ca. 123 cm x 185 cm

Material:

Lang Yarns Merino 120 (100 % Merino Fine, LL = 120 m/50 g): je 400 g Navy (Fb 35), Jeans (Fb 34), Jeans hell (Fb 134), Camel (Fb 439) und Apricot (Fb 127); Häkelnadel in 4,0 mm; Vernähnadel.

Muster:

Sonnenaufgangmuster:
Maschenzahl teilbar durch 8 + 1 M.

Nach Häkelschrift arbeiten. Es sind alle Hin- und Rückreihen eines Höhenrapports notiert.

In den Hinreihen mit den M vor dem rechten Pfeil beginnen, den Rapport zwischen den Pfeilen stets wiederholen und mit den M nach dem linken Pfeil enden.
In den Rückreihen die M entsprechend von links nach rechts lesen.

Die 1.–5. Reihe 1x arbeiten, dann die 2.–5. Reihe stets wiederholen.

Farbfolge: Jeweils 46 Reihen in Camel, Apricot, Jeans hell, Jeans und Navy.

Maschenprobe:

16 Maschen x 12 Reihen = 10 cm x 10 cm.

So wird's gemacht:

In Camel 217 Luftm anschlagen und 230 R im Sonnenaufgangmuster in der Farbfolge arbeiten.

Die Decke ringsum wie folgt mit 3 Rd umhäkeln, dabei an allen 4 Seiten die jeweils dem Streifen entsprechende Farbe verwenden und dazu in jeder Rd über jedem Streifen in der entsprechenden Farbe neu anschlingen: **1. und 2. Runde:** 2 Steige-Luftm, feste M häkeln, dabei (1 feste M, 2 Luftm, 1 feste M) in jede der 4 Ecken arbeiten und die Rd mit 1 Kettm schließen. **3. Runde:** 2 Steige-Luftm, * mit 2 Luftm 1 feste M der Vor-Rd überspringen, 1 fixierte Noppe (= 5 zusammen abgemaschte Stäbchen in das vordere M-Glied der nächsten M, 1 feste M in das hintere M-Glied derselben M), mit 2 Luftm 1 feste Masche der Vor-Rd überspringen, 1 feste M; ab * stets wiederholen, enden mit 1 Noppe, 2 Luftm, 1 Kettm in die 2. Anfangs-Luftm.

Fertigstellung:
Alle Fäden vernähen.

Sonnenaufgangmuster:

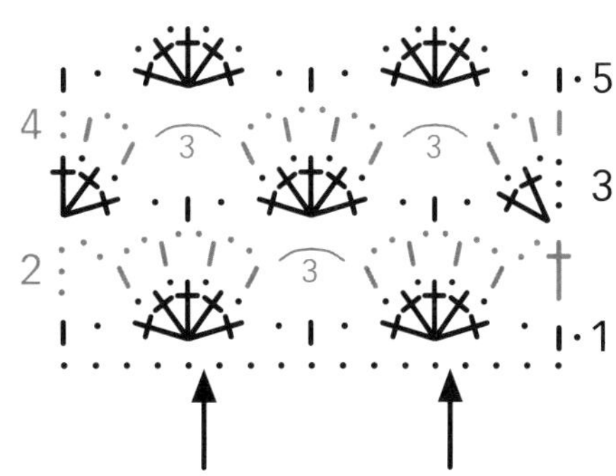

Zeichenerklärung

- · = 1 Luftmasche
- ı = 1 feste Masche
- † = 1 Stäbchen
- ⌒3 = 1 Luftmaschenbogen aus 3 Luftmaschen

Laufen die Zeichen unten zusammen, werden die Maschen in dieselbe Einstichstelle gearbeitet.

Impressum

Autorin: Stephanie Thies
Redaktion: Maria Möllenkamp
Fotos & Styling: Anne Schulz
Lektorat & Produktmanagement: Stephanie van der Linden
Häkelschriften und Schnitte: Sabine Schidelko
Umschlaggestaltung: Andreas Kersten
Layout: Silke Schüler
Repro: LUDWIG:media
Herstellung: Kathleen Baumann
Printed in Slovakia by Neografia

Unser komplettes Programm finden Sie unter

www.christophorus-verlag.de

Die Deutsche Nationalbibliothek verzeichnet diese Publikation in der Deutschen Nationalbibliografie; detaillierte bibliografische Daten sind im Internet über http://dnb.de abrufbar.

★★★★★

Sind Sie mit diesem Titel zufrieden? Dann würden wir uns über Ihre Weiterempfehlung freuen.
Erzählen Sie es im Freundeskreis, berichten Sie Ihrem Buchhändler oder bewerten Sie bei Onlinekauf. Und wenn Sie Kritik, Korrekturen, Aktualisierungen haben, freuen wir uns über Ihre Nachricht an: Christophorus Verlag, Postfach 40 02 09, D-80702 München oder per E-Mail an lektorat@verlagshaus.de

DANKE!
Für U.N. Danke Papa. Du hast mich gefordert, gefördert und mich dazu ermuntert, kreativ, phantasievoll und geduldig zu sein.
Danke W., E., C. und T.! Geliebte Inspiration und gefürchtete Kritiker.
Ein herzliches Dankeschön an Lang Yarns, Lana Grossa und ggh Wolle für die vielen wunderbaren Garne, die ich für dieses Buch verwenden durfte! Danke für die Unterstützung und Beratung!

Infanteriestraße 11a
D 80797 München

ISBN 978-3-8410-6686-2

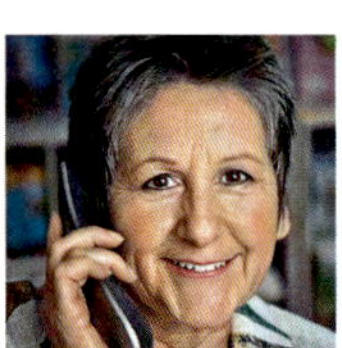

Kreativ-Service

Sie haben Fragen zu den Büchern und Materialien? Frau Erika Noll ist für Sie da und berät Sie rund um alle Kreativthemen. Rufen Sie an! Wir interessieren uns auch für Ihre eigenen Ideen und Anregungen. Sie erreichen Frau Noll per E-Mail: **kreativ-service@c-verlag.de** oder Tel.: **0049 - 89-1306 99-577.**

Besuchen Sie uns im Internet: **www.christophorus-verlag.de** und **selbstgemacht.de**

Ebenfalls erhältlich ...

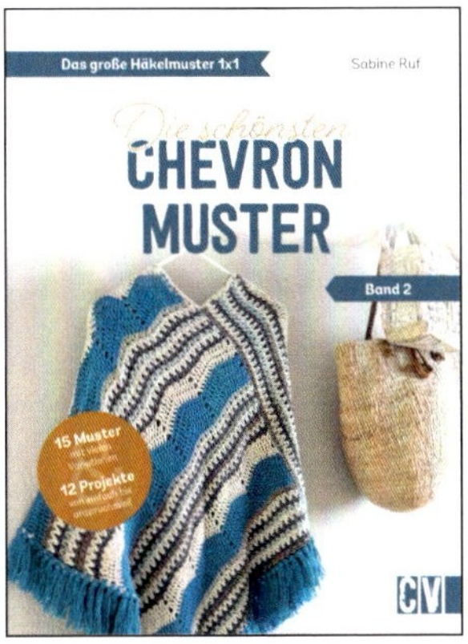

ISBN 978-3-8410-6687-9

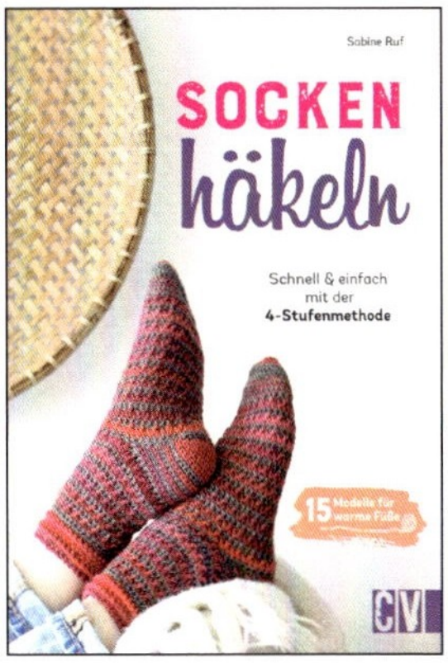

ISBN 978-3-8410-6652-7

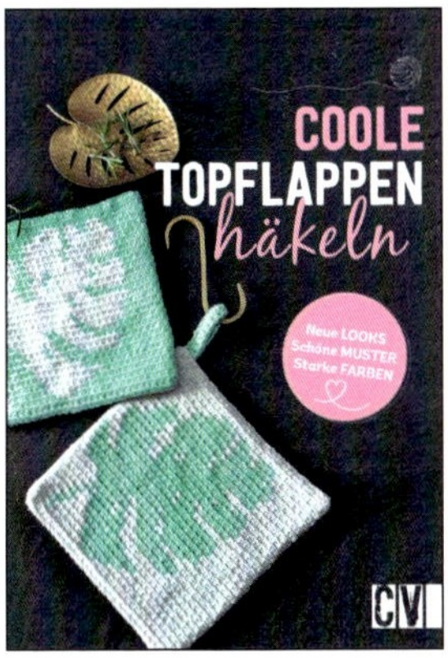

ISBN 978-3-8410-6705-0

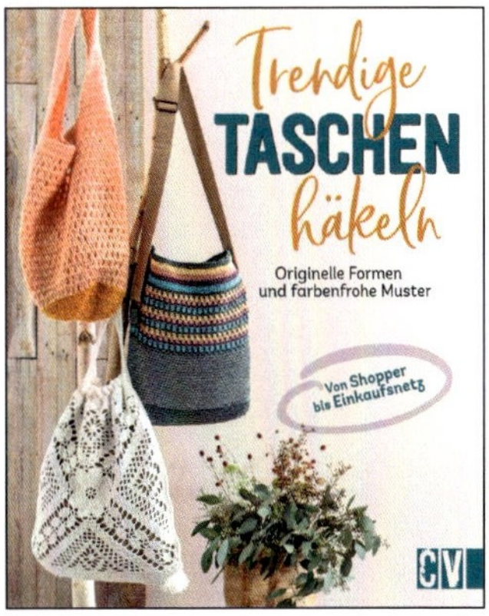

ISBN 978-3-8410-6685-5

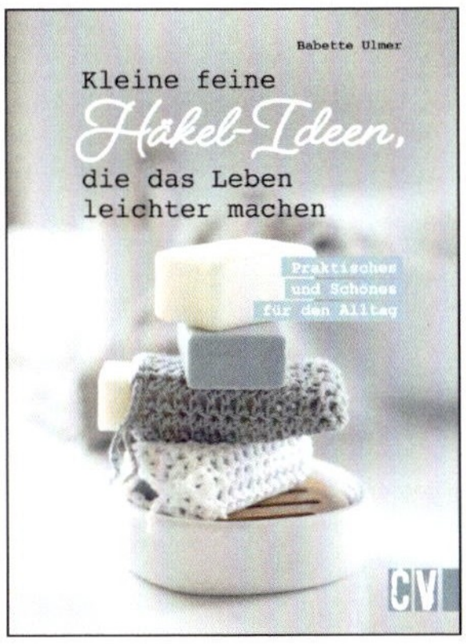

ISBN 978-3-8410-6620-6

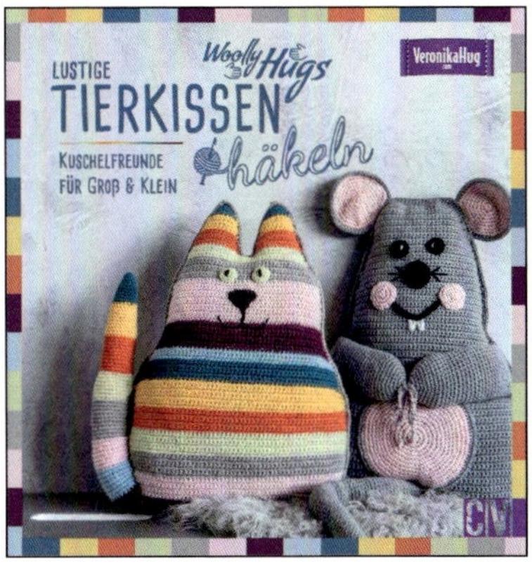

ISBN 978-3-8410-6619-0

CV

www.christophorus-verlag.de